最高的聆聽

建立真心連結、溝通，以及關係的5堂課

社交互動專家與對話溝通教練
派翠克・金（Patrick King）——著　朱浩一——譯

HOW TO LISTEN WITH INTENTION

The Foundation of True Connection, Communication, and Relationships

【推薦①】

讓聆聽不只是聆聽

王意中心理治療所所長／臨床心理師◎王意中

我們總是渴望對方可以了解自己的想法、感受、欲望、企圖。巴不得將內心的話，滔滔不絕地說出。

轉個方向，當我們試著聆聽對方，又發現看似簡單的一項舉動，自己卻不得其門而入。曾幾何時，聆聽成為那麼不容易的一件事。

現在叩門的機會來臨了。**透過本書的閱讀，讓我們細膩、周延，且全面地了解聆聽的各種面向。**

覺察自己過往與人對話，值得微調、修正的所在。讓聆聽不只是聆聽，而是**適時地回應對方、同理對方，讓彼此心靈密切地交流。**

【推薦②】

聽出「潛台詞」的關鍵

聲音訓練專家◎周震宇

我教聲音表達將近二十五年，總是告訴學員**「懂說之前要先懂聽」**。

一個對說話聲音不敏感的人，通常聲音表達能力有限，在人際溝通上也會遭遇較多的挑戰，因為他們腦中「聲音資料庫」裡的資料不夠多，難以聽出對方的弦外之音，也就難以讓溝通順利進行了。

這本《最高的聆聽》深入剖析了關於「聽」的重要觀念，更為讀者提供了實際可行的技巧，特別是在聽「潛台詞」的部分，讓我受益良多，值得推薦給想升級傾聽能力的朋友們閱讀。

【推薦③】

看到更多的可能性

正向關係講師
《有溫度的溝通課》作者◎小虎老師（羅鈞鴻）

打開耳朵聽並不難，但好好地回應卻不容易。幸好，無論是內在的預備，還是回應的方法，這本書提供了非常完善的聆聽指南。

首先，我們得面對自己內在的界線，先搞清楚說這些話是滿足自己的需要，還是對方的需要。接著，你還需要聽懂這些話語背後真正的訊息，你才會知道這時候說些什麼，能為彼此創造優質的內在連結。

雖然聆聽需要花費很多時間跟精神，而且可能不會立即得到回報，但如果你願意開放自己的心，你會在這些正向的關係中看見更多可能性喔！

【推薦④】

聆聽家人，是為最高的聆聽

譯者◎朱浩一

我在想，自己可能有點聆聽的天賦。

童年時期，記得是七、八歲左右，家人帶我出席一場婚宴。餐點上到一半之際，一位約莫七十歲的老先生上台清唱戲曲。老先生唱得投入，底下的人各自聊天吃飯，置若罔聞。猶記得當時，可能只是出於孩子的好奇，老先生一上台，我就盯著他看。或許是因為除我以外沒人理會他，老先生很快就發現我的目光，最後甚至面朝著我歌唱，我就這樣與他四目相接直至演出結束。隨後老先生下台，筆直朝我們這桌走來，並對我父親說：「你兒子很乖，很聰明……」而父親一臉茫然，完全不知道發生了什麼事。

就在那時，伴隨著懵懵懂懂的心情，我隱約理解了**聆聽能夠賦予他人極大的肯定感**。

多年過去，如今的我成為了一名文字工作者，除了翻譯之外，我也接雜誌的採訪案及寫小說。採訪自不待言，本就以他人的言語為主，我的職責就是引導對話的方向，並期待對方說出更多的話語，以供我後續整理、編輯之用。至於為了小說而做的訪談，情況就略有不同。我的寫作題目以舊日時光為主，而且容易傾向道德的灰色地帶，因此受訪者極有可能在關鍵之處語帶保留，深怕我是守序型的作家。遇到這種情況，我總會先藉由聆聽來認可對方的行為及思維以拉近距離，然後**在關鍵時刻，刻意使用書中提到的「過早暴露」，也就是先一步主動出擊，聊到那個對方有意迴避的話題，藉此獲得相關資訊**。不然遇上自顧自說個不停的受訪者，我有可能會知道他們對政治的觀點或世道的觀察，但針對自己要撰寫的題目，資訊的獲取量卻是零。

不過，即便有時帶有特定的訪談目的，但就算最後沒得到想要的資訊，能聆聽到他人的各種思維，對我而言仍是樂事一樁。

雖然對我來說，聆聽外人並不算困難，但聆聽家人卻是難題，尤其是在吵架的時候。

我太太的興趣是畫圖，此時也正在念相關領域的碩士學位。這樣的她，說話以表達自己的感受為主。日常生活中，我跟她溝通順暢，偶有摩擦也多能快速解決。然而遇到大吵之時，她依然會維持表達情感的溝通方式，我卻很容易切入「行動型」的聆聽。也就是說，在她的情緒不斷上升之際，我的大腦會立刻進入「我要聽清楚她生氣的關鍵字是什麼，以此作為自己未來改進或彌補錯誤的方向」。於是我在聆聽她一陣子之後，就會趕忙插嘴，一方面為自己的行為辯駁（很常見的防衛心態），二方面表明自己願意改進（但通常沒幾天就故態復萌）。不過這樣的回答通常效果有限，因為我總沒讓她把情緒表達清楚。

前兩天，我太太在畫素描時，迷糊的我在畫作附近處理烤魚，結果魚油意外就濺到了畫紙上。想當然耳，我太太氣炸了，那可是她辛苦了好幾小時才完成的作品啊！而譯完本書的我這次終於學乖了，一沒狡辯，二是乖乖認錯，三是完全接受她的情緒，畢竟錯的人本來就是我。於是在彼此冷靜半小時後，我太太溫柔地來敲門，說自己剛剛脾氣太大了，要來跟我和好。就這樣，本來應該要引爆的家庭危機，平安落幕。

感謝《最高的聆聽》！

CONTENTS

第3堂課 聆聽之難 097

第4堂課 看見你，聆聽你 137

第5堂課

最強讀人術 173

第1堂課

一張嘴，兩隻耳

用心聆聽需要放下自我關注與自我中心，
風度翩翩地允許他人發光發熱。

從現在開始

想像一下，有個人要去找一名新的心理師或諮商師，以及兩人初次療程中會有的對話。這位新的個案自然有點緊張，覺得無所遁形，還在想辦法理出頭緒——這是他們第一次做這種事，還不確定該怎麼做。難道他們會躺在沙發上，任由對方詢問對於母親或父親的迷戀嗎？他們會需要揭穿一宗塵封多年的創傷事件嗎？

他們走進房間，在心理師的邀請下入座。個案坐下之後，心理師終於邀請他們說話，心理師說：「那麼，今天會過來，是什麼原因呢？」

「這，實際上很難形容。」個案說，並開始描述他們希望心理治療能讓自己的生活過得更好，不必然是要處理什麼問題。

「所以，你似乎不太確定自己想要什麼。」心理師說。

個案開始懷疑自己是否在浪費這名專家的時間。

「對，我不是很確定。就只是……對不起，我不知道應該怎麼做。我猜你每一天都會碰到很多面臨著真正問題的人……」

「那是表示你覺得自己的問題不是真的？」

「呃。欸。我不是那個意思。不是我有……問題，更像是，我只是想成為更好的自己，你明白嗎？」

「沒關係。沒有什麼好覺得丟臉的。找人幫忙解決自己的問題，不會代表你很脆弱，你懂的。」

療程繼續，但這名個案在最初兩分鐘，就已經決定不會再回來治療了。為什麼？對那些聆聽高手來說，原因大概顯而易見：心理師的聆聽過程非常糟糕。你發現了嗎？我們來檢查一下。

首先，心理師解讀了個案的感受，卻沒有跟對方確認這樣的想法是否正確，或甚至這是不是他們想要的。這等同於一連串的陳述跟假設，而非接納對方。我們甚至可以說，早在個案坐下之前，心理師很有可能就已經有了各種預想跟結論。

這是多麼令人沮喪啊。心理師沒有好好去明白個案到底經歷什麼樣的困擾，而是將自己先入為主的想法強加入對話中，完全忽略了個案真正想要從心理師身上獲得的理解。

遺憾的是，這種溝通不良與聆聽出狀況的情形，比人們認為的還要常見，而且許多人——也許就像我們提到的那位心理師——甚至永遠也不會知道，自己的聆聽技巧有多麼欠缺，並不足以滿足他們自身與對談另一方的期望。這本書中提到的技巧或許簡單，但絕對稱不上容易。**聆聽是良好溝通的核心，而良好溝通則是你跟每一個人建立起有意義連結的核心**。換句話來說，學會聆聽很重要！如果就連訓練有素的心理師（他們工作的真正重心，應該是聆聽、接納，然後提供意見）也沒辦法總是順利達標，那麼我們真的有機會辦到嗎？這個嘛，就跟大部分的事情一樣，學習並且獲得必要的技能是第一步，而這本書就是要提供給你相關的資訊。

不具備深度聆聽的能力，並不代表你就是個壞人。獲得自我覺察以及理解「對話核心」這兩個技能無異於其他技能——也就是說，**任何人都能夠學習並且精進這些技**

能。事實上，欠缺這些技能，表示你很正常，畢竟我們生來就傾向於有些自我中心。然而，有些人天生就是優秀的聆聽者，但多數人都需要一些自發性的努力，才能達到這樣的境界。有些人只擅長聆聽，卻不擅長敘述甚或表達情感。不過，跟老天賦予的身形高矮、髮色深淺不同，你完全能夠掌控自己聆聽能力的好壞——就從現在開始。

成為一名優秀的聆聽者，並不是什麼了不起的慈善行為，或者是件你純粹為了他人而做的事。**一旦你真心關注並關懷另一個人的世界觀，每個人都能受益，而我們看待事物的觀點也會更形豐富。這是最為典型的雙贏局面**——其程度甚至可能超乎你的想像。至少，若想成為一名更優秀的聆聽者，這是你必須要做出的第一個重大思維轉變。

▶ 真正的雙贏

想要推廣聆聽技巧的一大障礙，是戴爾．卡內基（Dale Carnegie）在他聞名於世的書籍《卡內基溝通與人際關係：如何贏取友誼與影響他人》（*How to Win Friends and Influence People*）中所推廣的一則古老建言。

如今，他當年所提出的諸多建言，都已被視為常識，說出來可能會遭到嘲笑，儘管若非因為他的書，這些建言不可能會如此風行於世。他所提出的出色建言之一，或許就是要人們開口談論自己，或甚至是自吹自擂也無妨。他是這麼說的：「自己對人有興趣，兩個月就能交到很多朋友；若是想讓別人對你產生興趣，兩年過去，你交的朋友也不會有前面一種情況來得多。」

生物學研究證明，卡內基是對的。哈佛大學神經科學家黛安娜．塔米爾（Diana Tamir）跟傑森．米契爾（Jason Mitchell）在二〇一二年進行了一項名為「人體會獎勵自我揭露行為」的研究。該研究發現，與他人分享個人資訊的行為，是人類最根本而強大的衝動之一。

腦部顯影顯示，分享自身資訊時所觸發的感受，跟我們在進食或做愛時所經歷的感受一樣——而上述兩種行為，都是身體會驅使我們去做的事。因此，身體似乎迫使我們去跟他人分享及交流自己的想法。

為了知道受試者有多重視談論自我這件事，研究人員採用了一種方法：如果願意回答與他人有關的問題，能得到一小筆獎金。有些問題的主題跟休閒活動有關，例如興趣跟愛好，其他問題則涉及人格特質，例如智力、好奇心或攻擊性。

研究人員發現，許多受試者寧願放棄金錢，相較於經濟利益，他們更喜歡自我揭露帶來的良好感受。事實上，平均來說，受試者放棄了百分之十七到百分之二十五的可能收益，就只為了揭露個人資訊。

接下來，研究人員使用了一台功能性磁振造影儀，來觀察受試者在談論自己時，大腦的哪些部位最為活躍。他們再次發現，自我揭露與從屬於中腦多巴胺系統的大腦區域活動增強之間存在關聯性——該區域與我們從食物、金錢、性愛中所獲得的滿足感有關。而且縱使我們在談論自己時，周遭沒有任何聽眾，這樣的腦部活動增強依然會發生。當然，如果我們的聆聽技巧發揮作用，能帶來更為強大的影響。

無意識的阻礙

如果成為一名優良的聆聽者有這麼大的價值，為什麼鮮少有人真正善於聆聽呢？**與其思考自己欠缺的技能或特質，不如思考那些讓你無法真心聆聽他人之言的障礙。**如果我們仍然保有會對真誠的關係與同理心帶來阻礙的錯誤想法、習慣與盲點，那麼就算學會世界上所有的聆聽技巧與方法也無濟於事。這就有如一個擁有船的資深水手，卻對海洋犯了巨大的恐懼一樣。有些事情帶來的影響，就是會比其他事情要來得深遠。

讓我們來仔細看看一些可能的障礙是什麼。

回想那些你在生命中可能遇過的拙劣聆聽者。是什麼原因，讓你覺得他們沒有在聽你說話？他們最大的問題，可能是目光無法從自身以及自身的需求上移開。這並不表示他們有真正的或實際的需求，他們只是把注意力都放在自己跟自己所處的現實上。

優質的對話就像一場網球比賽，談話雙方的注意力會均衡地來回移動，就像一顆網球。如果有人的注意力總是離不開自己身上，這就像你的網球對手永遠發不好球，或者永遠沒辦法把過了網的球打回來一樣。一場對話忽然成了獨角戲、獨白，或就像對著一名不情願上課的學生講課。

所謂的「**對話自戀症**」，表面上看起來是很普通的對話，但仔細一看，那就像兩個靠得很近的人在喋喋不休地各自獨白！從某個角度來講，優質的對話是一門將要消失的藝術，這正是因為如今的人們感受到前所未有的孤寂。

許許多多的人們懷念他人的真心聆聽，他們渴望受到關注、成為鎂光燈的焦點、希冀他人仔細聆聽自己的話語。可悲而諷刺的是，這樣的人會對一種理應互惠的行為，注入自私甚或競爭的態度。因此，隨著時間的推移，這種循環會繼續下去，而且情況還會變得更糟，這是由於沒有得到聆聽或關注的感覺所激發的。利用對話行為來為自己贏得關注並滿足自尊心的需求，無疑是一種失敗的策略。

你是否曾靜靜地等待某人停止說話，過程中不斷地想，等到他們終於閉嘴時，自己打算說些什麼呢？如果有的話，你很有可能也犯過對話自戀症的毛病！你依舊無法徹底拋開內在獨白，然後去專心聆聽另一個人的思維或話語。這跟互相競爭型的獨白一樣，會產生出相同的結果。

因此，**想要提升聆聽能力，首先就是要對自己渴望透過各種方式來獲得關注的行為保持警覺**，前述作為會讓你成為一個差勁的聊天對象。重點在於不要總是想把焦點轉到自己身上。**對話不應該被視為贏得關注的手段，而是與他人愉快地分享想法。對話的目標不是爭奪發言權，而是盟友之間的彼此合作。對話的目的是同心協力，而非各自表述。對話的目的是學習，而非教導……**以此類推。對某些人來說，這可能需要徹底重塑我們在社交行為中的需求。

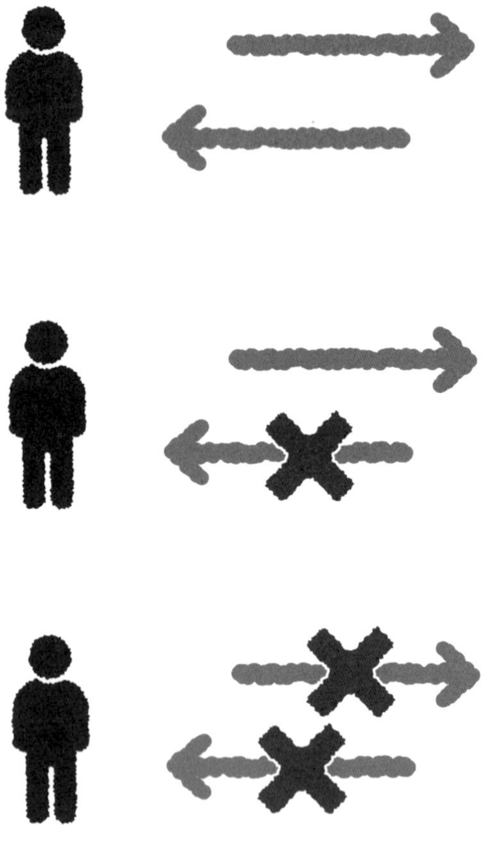

所謂的「對話自戀症」，
那就像兩個靠得很近的人
在喋喋不休地各自獨白！

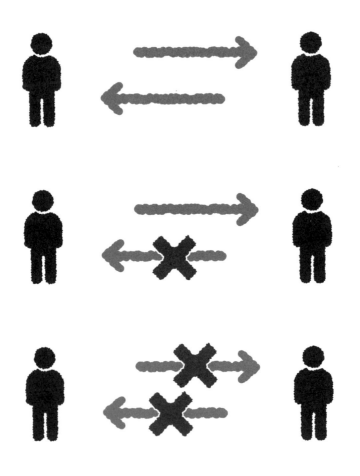

▶用對方法，情況徹底改變

在一場失敗的對話後，人們可能會感到筋疲力盡、百無聊賴，甚或更強烈的孤獨。相反地，一場優質的對話相當美好，讓與談雙方得以在兩者之間創造出一個遠大於字句總和的事物。還記得在本章稍早提到的那項研究中，有多少人願意付錢獲得聽眾以表達自我嗎？

用心聆聽需要你放下自我關注與自我中心，風度翩翩地允許他人發光發熱。

是時候進行自我覺察與自我反省了。社會學家查爾斯・德柏（Charles Derber）對這種現象進行了廣泛的研究，並認為這種形式的對話自戀症甚至會在人們沒有意識到的情況下發生。你可能會以為，對話自戀症患者喜歡主導對話，是那種典型的話說個沒完沒了的人——但其實不會這麼明顯。事實證明，只要用對了詞去回應，這樣的情況就會徹底改變。德柏闡述了他所謂的支持型回應跟轉移型回應，以及這兩種回應方式如何巧妙地滲透進我們的日常詞彙中。

德柏解釋了他所謂的對話中的「**主動性**」——可以是給予關注或尋求關注，後者又可以進一步分為主動跟被動。有鑑於我們的目標，你可以猜猜看我們是想要成為兩者中的哪一方。讓我們透過一些對話範例，來看看兩者的表現方式。

關於主動給予關注的部分，「**支持型回應**」可以將對話的重心維持在說話者及他們所提出的主題上——例如，針對已經說過的話提出疑問。支持型回應可以是單純的認可（「哦，真的嗎？」「嗯嗯」）、正面的支持（「太棒了！」），抑或是疑問形式（「你後來怎麼說？」）。我舉個例子：

「我喜歡法國電影。」

「你最喜歡哪一部？」

然而，「**轉移型回應**」則是會主動尋求關注，並將對話重心轉移到另一個人身上，換句話來說，也就是轉移到回應者身上。這是種會抓住鎂光燈，然後將燈光轉移到另一個方向的行為。

「我喜歡法國電影。」

「這樣啊？我向來都不怎麼在乎電影。其實啊，前幾天，我在戲院看到了……」

這並不是說轉移型回應總是錯的——它能視情況發揮作用，特別是在對方再次巧妙地取回關注時。有時候，你甚至可能必須使用多次轉移型回應，才能取得部分關注，或是讓對方知道你的感受。但用多用少，又要如何判斷呢？

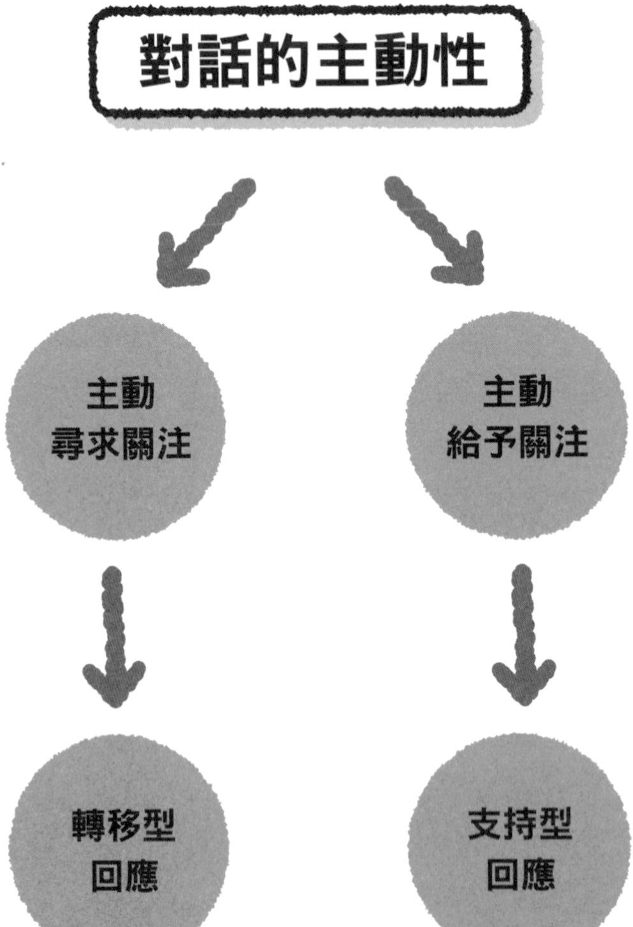

對話的主動性
主動
尋求關注
主動
給予關注
轉移型
回應
支持型
回應

▶ 到底有沒有聽你説話呢？

如果有兩個人的聆聽能力都很差，偏偏又不斷使用轉移型回應，雙方到頭來不是在對話，而只是在爭奪關注。或許兩人的表達渴望都獲得了滿足，但雙方都已經聽不見另一方說出來的話了。陷入這種爭奪關注的局面時，你自己或許不會留意到，但從局外人的角度去看，這樣的互動會讓人覺得既古怪又困惑。

此外，如果一個糟糕的說話者（會持續使用轉移型回應）遇上了一名非常善解人意的聆聽者（會持續使用支持型回應），前者可能會覺得他們很聊得來，因為後者不斷給予支持型回應；然而後者卻很想死，因為理應的雙方對話，變成了一場前者滔滔不絕講述個人生命經驗與想法的古怪假講座。

那**被動式的對話自戀症**又是什麼呢？理所當然，有些人很清楚地意識到社會規範及社會禮儀，因此會用更低調的方式去爭奪關注。其中一種方式，就是不給予支持型回應，而是等到對方的思緒逐漸停頓後，才發動攻勢，奪走關注。在這樣的情況下，你會期盼對方忽然失去說話的動力，才能夠輪到自己開口。這有點像是藏身在一棵樹上，坐等獵物因疲累而入睡——這樣的事情遲早會發生，因此你被動地靜候佳機。

你有沒有參與過這樣的一場對話：對方不願給予哪怕一丁點支持型回應，就連隨隨便便的「真的喔？」或「嗯哼」都沒說過呢？你不太確定對方是否認可你所說的話，而他們可能是故意這麼做的。這有可能正是一個被動式對話自戀症的例子。

多數人都被教導，說話時要遵守禮節，不要沒完沒了地講、自己的話說完了就要停下來，以及跟聊天的對象共享對話時光。好吧，這人會遵守這些基本規則，但他們鐵定不會鼓勵談天對象多說些話，以免耽誤自己的說話時間！缺乏他人的回應（真心的那種！），會讓人很快覺得應該不要再說話了——而這就是對話自戀症患者登場的時機了。

雖然試圖逮到別人做出對話自戀症的行為很吸引人，但遠比這件事情更積極正面的，是學習去留意到自己是否出現了對話自戀症的行為，並且防止繼續下去。**你無**

法控制他人的行為，但你可以控制自己的行為，讓自己成為一名更優秀的聆聽者。畢竟，這才是本書的目標。如果你的目標是相反的，那麼你或許可以去找看看有沒有說服或是催眠他人的書。

諷刺的是，人們往往認為，那些能夠好好聆聽、不以掌控對話為目標、真心對聊天對象所說的話感興趣的人，最為風趣幽默、饒有魅力、值得關注。因此，對話自戀症患者預期的目標（確保他人能夠知道關於你的事情）完全沒有得到滿足。太慘了。幸好有一些指導方針，能夠讓你對抗這些絕對會碰上的無意識阻礙。

在自己跟他人的需求與渴望之間找到平衡點

要做到這一點，你要**先集中自己的意識，並觀察自我意識的流動走向**。注意對話時間的分配。是一個人包辦了所有的談話嗎？抑或是有來有往的對話呢？要達到這樣的程度，你不能夠只是假裝對他人的生命經驗抱持興趣——你需要徹底忘記自己片刻，真誠而全心地投入他人所說的話。不要去想稍後要怎麼回應，把注意力放在他人此刻所說的話上面。

也就是說，不要急著詮釋或框住他人所說的話，讓這些話語的意涵逐步顯現。給予更多支持型回應，不斷避免將每個主題都談回自己身上。提出疑問，讓對方能說更多。如果你暫時獲得了關注，就享受那種感受——但**記得把發言權再丟出去**。就像我們孩提時曾被教導的：獨樂樂，不如眾樂樂。

「聽了你說的話，讓我想到自己的某一次經驗，發生了這樣那樣的事情。我很好奇，你也有經歷過這樣那樣的事情嗎？」一個會說出這種話的人，表示他們願意與他人共享對話，而非全程獨占。

留心觀察自我價值、權力欲、自尊心，以及控制欲

那些在對話中顯得最為自誇、小心翼翼地守住他人的關注、說話音量比別人大的人，通常也是對自己最沒有安全感的人。他們之所以需要對話的掌控權，是因為渴望他人的關注與認可。如果你發現自己利用對話的機會來自我吹噓、讓自己感覺良好、

謀求他人的關注與支持，那麼改變的首要之務，可能就是要學習安安穩穩地坐到聆聽者的位置上。矛盾的是，那些看似最討喜、最有自信的人，是那些不會瘋狂地意圖掌控他人關注力的人。

▶ 人人平等

關於對話的真正目的，你是否無意識地保持某種想法？有些人說話，是因為他們需要公開表達自己的想法；或者他們想要「教導」他人，讓人們清楚知道什麼是什麼；或者只是透過某種方式來表示自己高人一等。**你要知道自己為什麼想說話**。你是真心地對眼前的人感興趣嗎？對方是怎麼樣的一個人，你是否已經有了自己的判斷？又或者在你（不願妥協）的計畫中，他們不過是一名聽眾、一名鬥嘴對象、一名競爭對手？

優秀的聆聽者會讓心思留在此時此刻；應當把注意力放在他人身上時，他們不會因為自己的其他想法而分心。嘗試將對話視為互相交流的愉悅機會，在坦露自己的同時，也要給予對方同等的關注。

是否經常出現如下的情況：跟你談話的對象知道了有關你的千百萬件事，但你卻對他們幾乎一無所知？這表示資訊的流動絕對是片面的，你霸占了所有的對話空間。你真的會對他人提問嗎？你最後一次接連問對方五個問題是什麼時候？

所有的這一切，都引導我們再次回到最重要的談話技巧——聆聽。溝通高手說的話，往往比溝通肉腳還要少。雖然你的自尊心可能不喜歡這個說法，但其實，你不會因為能講出最棒的笑話或故事、言行最有趣或令人印象深刻、說最多話，而成為一位溝通大師。**要成為溝通大師，你必須謙遜、友善、真心對他人感興趣。祕訣在於關注他人，而非讓他人來關注自己。**學習，而非教導；聆聽，而非說話。允許他人表達自我，知道對話中的每個人都有足夠的說話空間。與他人產生連結，而非強使他人記住自己。分享或參與一個故事，而非只是說個不停。

▶ 可是他們很無趣……

不對，無趣的人是你。

你可能已經讀過了前面的部分，並且對於完全著迷於另一個人所說的話這件事感到有些不切實際。能夠讓對方成為你注目的焦點，固然會讓他們覺得愉快，但如果你真的對他們所說的話毫無感覺，怎麼辦？雖然不願承認，但多數人私底下都認為他人很無趣，因此很難對他們說出口的話產生興趣。我們很容易覺得，與其努力去聆聽他人看似平凡無奇的人生故事，還不如省點功夫，放自己一馬。

有時候，我們會聽錯重點；有時候，問題出在不切實際的期望。**一場對話並不是非得讓你大吃一驚，或者對你有極大的用處，才值得參與**。當然，你不可能對認識的每一個人都感興趣，這很正常——有些人會讓你產生好奇，其他人則不會。最後，如果真的無感，你完全沒有必要假裝自己感興趣，或者做出會讓自己覺得筋疲力盡及無聊煩悶的行為。這麼說吧，人可以既熱情又友好，擁有良好的社交生活，並且用不著非得跟遇見的每一個人都能進行熱切的談話。

但是這時候，相較於那些喜歡說自己性格內向，或是覺得他人都很無趣，不值得浪費時間的人而言，擁有成功社交生活的人，有著更細膩的想法。

是你的提問太無趣嗎？

抱持些許的信心，停止批判，然後——再次強調——只是聆聽。**拋下所有成見，不要去想對方有沒有任何令人感興趣的地方**——只要幾個一針見血的問題，說不定就能發掘出一個最為迷人的角色。保持開放的心胸，歡迎對方證實你的誤判，歡迎對方讓你大吃一驚。**下定決心，積極尋找他人的良善之處與令人饒有興味的地方**。有一句古老的格言說：「三人行必有我師。」是真的。透過對話，你就能找出對方身上值得學習的地方。

如果你立刻驟下判斷，認定對方是個無趣的人，那麼毫無疑問地，他們在你心中的評價不會改變。賦予對方不同的評價，他們就會隨之產生改變。你要善加利用這一點。

僅僅因為對方沒有在幾分鐘之內，就說出能夠讓你拍案叫絕的話，並據此假定對方是個無趣的人，這樣的想法很失禮，更何況說不定是你自己拋出的問題太無趣了，才會導致他們沒辦法給出令人深刻的答案。這種行為本身就很自戀——不是依據他人的行為或能力來判斷，而是單憑對方是否能夠逗你開心來定奪。跟某人還不熟時，你很難把心思放在他們日常生活中的平凡細節上，但若他們是你的至親好友，你肯定會付出更多的關懷。

準確來說，這個想法所要闡述的，就是人們並非都是無聊之輩，只是你跟他們還不夠熟，因此根本不在乎。你可以參考《第二十二條軍規》（*Catch-22*）[1]這個故事——**唯有穿越了「煩悶」的閒聊之後，你才有辦法認識一個人，並嘗試與對方建立更緊密的關係**。要成為一個善於社交的人，你就得先練習好好跟他人進行社交。為此，首先你得要跟對方表達善意。你無法預先知道自己會不會對這個人感興趣，但你抱持著希望與期待，同時相信所投資的時間將物有所值。

換句話來說，有些人預期一旦投入對話，就要馬上獲得回報。而在現實生活中常見的情況是，你得要先投入一些時間，接著耐心等候，回報可能需要一段時間才會來到。

讓談話更深入，先敞開你的心扉

你不需要強迫自己去多做些什麼。只要保持開放跟接納的心胸試試看——至少小試一段時間。縱使在跟另一人對話時，自己沒有得到任何有興趣的資訊，你依然可以抱持禮貌與同理心，說不定還能在過程中得知一些跟自己有關的事——例如如何成為

①美國黑色幽默作家約瑟夫・海勒（Joseph Heller，一九二三—一九九九）的小說代表作，曾改編為電影、舞台劇、電視劇。故事透過非線性的敘事構成，以龐雜而細密的人際網絡將一連串乍看的瘋人瘋語、荒誕不經，組建成一個對體制、對資本社會、對戰爭、對官僚權力結構的批判。作者引用這個典故，是想說明穿越了看似無趣、瘋狂的話語之後，你才能夠逐漸看清一個人的真實樣貌。

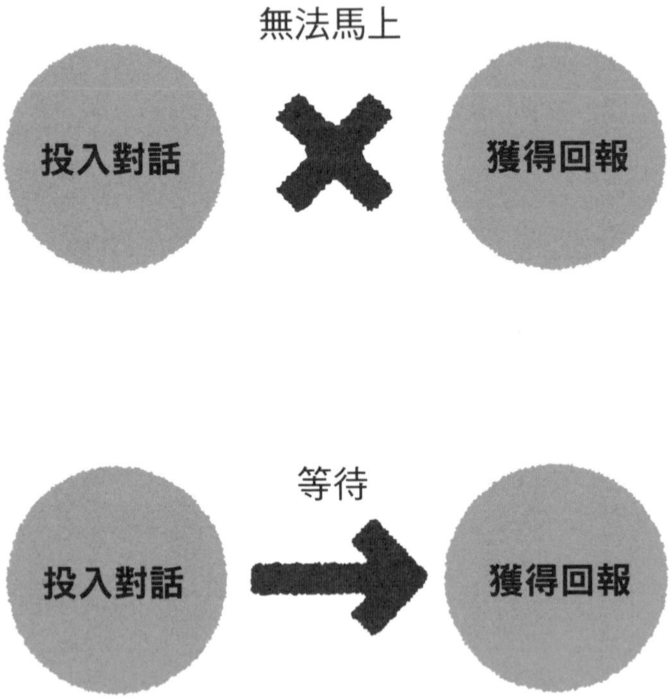
無法馬上
投入對話
獲得回報
等待
投入對話
獲得回報

一名更優秀的聊天能手。有些人需要多聊個幾次，才會敞開心房。你所能夠做的，就是建立信任、融洽的關係，並且提出問題，然後好好聆聽。

一旦你期盼自己可能會聽到一些有趣或吸引人的事情，你可能會因為後續對方所說的話而感到詫異。即便人們的生活泰半平凡無奇，但他們可能會有意料之外的興趣，或是非常獨特的經歷、技能、價值觀等等會讓你感興趣的地方。**放膽提出問題，適時推他們一把，讓你們的關係更親密。**

讓聊天變得更深入，詢問聊天對象關於某些事情的感受。你總是可以先透露一些自己的事情，好讓對方放鬆。延續這樣的做法，在跟他人敞開心扉時，你有時可能會需要「先以身作則」。說出意想不到的答案、保持真誠、盡力誠摯。人們通常很樂意以同樣的態度對等相待。

如果你依然不相信別人有辦法告訴你什麼有趣的事，很可能是因為你進錯了朋友圈。你可能需要找些興趣喜好跟你更接近的其他聊天對象，而非只侷限在同事、同學，甚或家人——你或許常有機會能跟這些人聊天，但他們未必跟你「興趣相仿」。

有時候，拓展自己的眼界、讓興趣更多元，會讓你對他人抱持更多的興趣。**勇於接納、承擔風險，在實際接觸前別妄下定論**。無法好好聆聽他人所說的話，部分原因可能是跟人接觸會感到不安、自卑、憂鬱、焦慮，或是生活不快樂。

曾遭受霸凌、虐待的人，可能會顯露出傲慢無禮、高高在上的態度；這是他們慣用的心理防衛機制，或是藉由這樣的行為來掩蓋一個事實：他們總覺得是別人不喜歡自己。一如我們已經讀到的，認為他人是敵人或競爭對手，會扼殺你的社交生活。

最後，會對他人絲毫不感興趣，可能只是因為剛好處在人生的某個階段：心靈未臻成熟、身處特定年齡，或住在特定的環境中。除非能夠從中獲得什麼好處，否則年輕人經常會覺得任何事情都毫無價值可言——要擺脫這種自私的想法，進而與他人建立健全的關係，需要人生的經驗跟智慧。

聆聽力要跟誰學？

我發現，想要學習一流的深度聆聽技巧，最棒的方式就是效法脫口秀主持人——吉米・法倫（Jimmy Fallon）、吉米・金摩（Jimmy Kimmel）、康納・歐布萊恩（Conan O’Brien）②。不論你最欣賞的是哪位，他們都在做同樣的事情。如果你不明白如何展現好奇心，而自己又應該如何運用這樣的行為，只要自問：「那些脫口秀主持人會怎麼做？」就行了。我恰巧最欣賞康納・歐布萊恩，因此就讓我們來想想，在訪談節目中與來賓對話時，他會表現出哪些特質。

請在腦海裡想像出他的攝影棚。巨大而開放的空間，他坐在一張桌子旁。來賓坐

② 三人均為美國當代著名脫口秀主持人。其中康納・歐布萊恩跟吉米・法倫曾先後主持著名的《深夜秀》（*Late Night*）跟《今夜秀》（*The Tonight Show*），而吉米・金摩則以《吉米夜現場》（*Jimmy Kimmel Live*）廣為人知。

在桌旁的椅子上，他們彷彿置身另一個世界。只要來賓上康納的節目，在接下來的十分鐘內，他的世界中心就是那位來賓。對方成為他所遇過最為有趣的人，他們所說的每一件事都讓他如痴如醉，他對他們的生命故事充滿好奇，他對來賓說出口的每一句話都報以大笑及誇張的反應。他既陽光又迷人，總能在人生故事的幽暗之處找出一個幽默的轉折點。

在節目中，他唯一的目標，就是讓來賓感到舒適，鼓勵他們多談談自己，讓他們最終能夠心情愉悅、容光煥發。也因此來賓就會分享自己通常不會揭露的事，並且創造出對脫口秀來說極其重要的情感連結與親密氛圍。人在家中的觀眾都迫切地想要更了解這位名人來賓，因此康納就權充為他們**好奇心的代言人**。同時，觀眾也都能立刻感受到雙方的情緒是真是假，因此康納的工作實際上取決於，他有沒有辦法利用好奇心跟來賓建立更深的連結。

即便是遇到壞脾氣或寡言少語的來賓，他也有辦法透過對他們的濃烈興趣（情緒比來賓稍微高昂一些）以及給予來賓想要的絕佳反應，來激發他們的活力與正面情緒，並鼓勵他們開口。彷彿他正在玩一種遊戲，這種遊戲的名稱叫做：「我要如何只說少少，卻讓他們能講多多？」

一點點友好和鼓勵，用好奇心建立聯結

當然，在你的生活中，這樣的做法適用於那些不愛開金口的人。只要一點點友好的鼓勵跟肯定，就連最文靜的蛤蠣都會張嘴。同樣不可或缺的是大量的提問、把對話導回他們身上，以及感受到你真心的關懷。想像一下，你可以在可怕的社交活動中，創造出一條解脫之道。**人們喜歡那些欣賞自己的人，因此只要你能展現出他們期望的反應，就會鼓勵他們變得更友好而敞開。**

另一位脫口秀主持人曾公開感嘆，他有多討厭上節目的來賓，以及他被迫與之對談的那些男女演員是多麼讓人乏味。但這句話證明了他的好奇習慣是多麼訓練有素。一開始，他先下定決心要展現出好奇心，進而培養成習慣，後來就能輕而易舉地對來賓感興趣；你覺得來賓猜得出他的興致是真是假嗎？完全猜不到。

好奇心讓人們可以自在地說出心裡話——因為你表現出了關心之情，以及如果對方敞開，自己願意聆聽的態度。畢竟，如果人們認為你冷漠無情，他們往往就不會透露出自己的祕密想法。因此，縱使在實際做到之前，你可能必須先假裝一番，康納·歐布萊恩依舊是你在思維與態度上的模範榜樣。

為了避免你無法自然而然地培養出康納·歐布萊恩的好奇心，我提供一些更具體的思維模式，讓你得以用來提升自己的溝通能力。

不知道對方是個怎麼樣的人？一旦你開始對另一個人產生好奇，就會徹底改變對他們的觀點。這樣的想法能夠激發好奇心。你會開始在乎他們——不僅只是表面上，例如職業或日常，而是更深入的，例如生命的原動力或言行舉止的成因。

對某人產生好奇，是你所能擁有的最強而有力的心態，因為這會成為一種想望。而隨著時間過去，滿足好奇心將會變成次要，因為你只不過是單純地想要了解對方。

假設小時候的你對電腦感到好奇，由於你對任何似乎具備電腦知識的人丟出了諸多疑問，因此八成惹惱了他們。如今已經長大成人的你，還會投入多少注意力在電腦上呢？你又會提出怎麼樣的疑問呢？你肯定會跳過那些閒話家常的空泛問題，直接切入細節，因為這才是現在的你在乎並且好奇的。

抱持好奇心，將徹底改變你跟他人互動的方式，因為你會忽然很在意他們，而多數情況下，我們不會留意到自己對於正在聊天的對象絲毫不感興趣。你會往下深入，不斷深入，直到你建構出一個能夠滿足自己好奇心的答案為止。

他們有什麼我可以學習的地方？不要把這句話解讀成試圖從對方身上有所獲得，而是要認為對方身上有值得你關注的地方。每個人的腦袋裡都具有寶貴的知識，無論這份知識能否讓你應用在自己的人生中。每個人都有所擅長，每個人都是你所不擅長的某領域的專家，哪怕該領域有多無足輕重或沒沒無聞。

重點在於激發對他人的興趣，而非抱持冷漠的態度。想像自己是一個超級滑雪迷，而你認識了一名曾經的職業滑雪運動員。他們甚至在事業的巔峰時期曾參加過奧運賽事。

接下來會發生什麼事呢？一想到可能會從對方身上學到和獲得的事物，你就會感到很興奮，而這份興奮之情將成為這場對話的嚮導。再次強調，如果認為對方值得與之交談，你就會對他們產生一定程度的興趣及投入。但**除非你深入挖掘**，否則永遠也不會知道。

不管願不願意承認，我們有時就是會覺得對方不值得自己浪費時間。這是一個壞習慣，這種思路是毀掉良好對話的第一步。每一個人都值得我們投資時間，而除非投入其中，否則我們永遠也不會發現這個事實。

我們之間有什麼共通點？你可以藉由這個問題，來找出跟對方之間相同的生活經歷。這個問題會讓他們立刻變得既有魅力又迷人——因為我們會覺得對方跟自己更相像了！雖然聽起來有點自戀，但我們確實更容易被擁有相同價值觀跟興趣的人吸引。

找出共同點，甚至可能提升你對他們的評價，尤其是身旁充斥著與我們截然不同的人之時。舉例來說，如果你發現一個剛認識的陌生人跟你在同一家醫院出生，那麼縱使你們兩人居住的區域不同，你對他們的敞開程度仍會立刻增加。這個人的世界觀、價值觀、幽默感一定跟你相差無幾。但除非你嘗試深入挖掘，否則不可能會發現。

你將**必須主動出擊，而你所提出的重要問題，將引導你去到心之所向的地方**。你或許會在不同主題之間不斷切換，或者你也有可能深入祕境，直球對決。

培養好奇心

提供自己的溝通能力

❶ 不知道對方是個怎麼樣的人？一旦你開始對另一個人產生好奇，就會徹底改變對他們的觀點。

❷ 激發對他人的興趣，而非抱持冷漠的態度。

❸ 不管願不願意承認，我們有時就是會覺得對方不值得自己浪費時間。

❹ 你將必須主動出擊，而你所提出重要問題，將引導你去到心之所向的地方。

▶ 世界上最簡單的練習

也許這樣的做法只是幫你找出了一個著力點，讓聊天不只是聊天，但抱持這種心態將徹底改變你跟人的相處方式。要保持好奇心可能相當不容易，這就是為什麼我最後的建議是，**把創造好奇心這件事情當成一場遊戲**。遊戲的最終目標，就是盡可能地知道對方的一切，愈多愈好。又或者，也可以假設對方的腦袋裡藏了某種非常刺激又讓人興奮的東西，而你的任務就是把它找出來。到最後，你將會找到那個期盼之物。

下次造訪咖啡館或商店時，你可以試著把這樣的心態套用在眼前那位哪兒都去不了的咖啡店店員或收銀人員身上——他們很幸運，老闆支付薪水，就是要他們對你親切以待。你認為這些員工的地位比你低下嗎？你有沒有用對待好友的態度去對待他們呢？你會覺得他們讓你既驚喜又好奇嗎？你認為他們可以教導你什麼？你跟他們之間有什麼共通點呢？

你會主動詢問咖啡店店員或收銀人員他們那天過得好不好嗎？你是真心想知道他們的答案嗎？如果答案是否定的，那麼當跟在乎的親友相處時，你覺得自己有辦法輕而易舉地「打開好奇開關」嗎？**練習去改變你對身旁之人的心態。這是世界上最簡單的練習，因為你連一根手指都用不上，卻能大幅轉變你將創造的人際關係的品質。**

第1堂課重點整理：

- 所有人都有兩隻耳朵，卻只有一張嘴，對吧？這表示我們應該用說話的兩倍力氣去聆聽，但實際上，這麼做有違我們的本能。我們生來就是要表達跟暢談自己——身體非常重視這件事情，直接賦予它等同於性愛的神經刺激。表達自我確實重要，但這並不表示別人能夠接受我們的喋喋不休，也對我們的關係毫無益處。

- 是時候改變觀點，將能夠培養深層關係的聆聽技巧，視為真正的雙贏交流了。藉由聆聽，你不僅能夠了解對方，還會被交流的另一方認為（有些人可能會覺得很矛盾）更具魅力、風趣、迷人。因此，如果你的最終目標就是達到上述的境界，那麼你一定要將聆聽技能臻於完美。這個技能看似簡單，但要成為達人可不容易。

● 困難的地方在於，我們會在無意識的情況下，透過諸多的方法來主導對話，成為一名對話自戀症患者。這種類型的對話顯而易見的特徵，就是其中一方獨白似的說個不停，而非跟另一方共享對話。兩種類型的對話方式之間的微妙差異，可以從支持型回應跟轉移型回應之間的不同看出來：哪怕只是簡單地回應一個詞彙，也能讓對方感受到你的心理支持與否。而這件事情的潛在課題，在於同意放下控制欲、自負心、自我中心。無論對方想聊些什麼，你都跟著他們的步伐，天南地北而無所拘束地聊下去。

● 許多人很容易意識到的阻礙，是覺得交流的對象乏善可陳、話語枯燥；因此聆聽他們說話，壓根兒就是浪費時間。只要好好閱讀上面那個句子，你應該就能發現一些問題。如果你認為遇上的多數人都乏善可陳，那麼真正乏善可陳的人其實是你。你任由一個先入為主的想法影響了自己的行為，進而摧毀了你的人際關係。相反地，如果你預期會認識迷人又風趣的新朋友，那麼這件事情就會真的開始發生。

- 如果想尋找能夠從人們身上挖出資訊的榜樣，他們遠在天邊，近在眼前，就是那些深夜脫口秀的主持人。他們唯一的工作內容，就是讓一個有趣程度通常跟你我差不多的名人，看起來十足迷人又聰明。這個任務有時很艱難。想想看為了讓這件事情成真，他們投入了多少精力、專注、關注，以及聆聽。這就是他們的成功祕訣。

第2堂課

聆聽的風格、框架，以及層級

透過培養這些技巧跟心態，
能夠讓我們成為更優秀的聆聽者。

▶ 到底要怎麼聽？

請想像一個對某些情侶來說可能十分熟悉的情景：某甲經歷了一件不好的事情，情緒有些鬱悶，正在跟某乙訴苦。某乙正在聆聽——真心地聆聽——然而這場對話卻不怎麼順利，最後的收場也很糟糕。這場對話差不多是這樣開展的：

甲：我今天上班超嘔的。唉，我超討厭這份工作。

乙：是喔？我還以爲你喜歡那裡。怎麼了？

甲：不知道吔，有時候就是會覺得都沒有辦法休息，好像一進公司大門就開始忙個不停……

乙：眞的喔？我記得你上禮拜才說很喜歡這份工作吔。

甲：呃，是啦，我是說，我有時候很喜歡這份工作。只是覺得公司都不重視我，你懂那種感受嗎？

乙：了解。或許你應該要求加薪。

甲：不是，問題不在薪水。今天丙遇到了大麻煩，我救了他一命，但他卻連一聲謝都沒說，我覺得很……

乙：你有跟丙談過嗎？畢竟你是他的上司，所以……

甲：我知道是這樣沒有錯。可是難道我就得永遠幫每一個人擦屁股嗎？

乙：所以……你沒有跟丙提到自己的感受啊？

甲：你都沒在聽我說話！問題跟丙沒有關係！

乙：好啦好啦，那問題是出在哪裡？我一直在問，但你什麼都不跟我講。

甲：算了啦，當我沒說。

哪裡出了問題？乙可能真的很想繼續這場對話，想要「幫忙」，並且去做所有那些我們提過的、優秀的談話技巧。可是甲依然覺得沒有得到聆聽——這是因為他們的聆聽風格不同，而且雙方似乎都沒有意識到這個事實。這是一個簡單的事實，就像某人是右撇子或左撇子一樣——每個人都有一套與生俱來的本能跟行事方法，但這並不表示這套本能跟方法隨時都可以或應該運作良好。由於出身背景、生命體驗、喜好偏愛的不同，每個人都有自己的一套應對進退的方針。因此，由於自己的方針跟別人不同，進而產生出某種聆聽惡夢時，其實沒有什麼好訝異的，不是嗎？

我們已經了解了一些聆聽技巧跟心態。透過培養這些技巧跟心態，能夠讓我們成為更優秀的聆聽者，進而提升溝通能力，並成為一個說話更有效率且廣納各種意見的人。本章節將再次談到，在嘗試學習任何新的聆聽技巧或方法之前，明白自身溝通風格的優缺點有多麼重要。

想要理解上述對話，就要先明白，縱使大家都在聆聽，但他們的聆聽方式可能有所不同——而彼此衝突的聆聽風格，往往會導致誤解或衝突的發生。就跟想要成為社交大師一樣，答案依然要**回到自我覺察，以及願意保持彈性，把好好地跟身旁的人互動，視為首要之務。**

▶ 人性、情緒，以及心情——四種不同的聆聽風格

心理學家拉瑞・巴克（Larry Barker）依據人們的偏好、個性、交談目的，提出了四種不同的溝通風格。本章開頭時提及的對話過程，讓我們能清清楚楚地看見，**必須理解並根據他人的溝通風格，來調整自己的溝通風格，才能夠讓聆聽變得更有效率**。

巴克提出的第一種聆聽方法為「**個人導向**」風格，一如其名，**這種聆聽風格會將關注力放在對方整體以及他們的感受上**。這些人注重合作、具備集體意識、試圖去理解他人、有同理心，並且會在群體中發展團結及和諧的精神。雖然過火的話也會產生問題（會變得有些不理性、被情緒沖昏頭、觸犯他人的界線、忽然不知所措），但如果你的目標是結交朋友以及增進各種關係的話，那麼在多數情況下，這種聆聽風格的效果非常好。

在我們的例子中，甲正在傳達一個帶有情感的故事——內容涉及他們針對某事件的感受，這些情感尋求見證、理解、將心比心。

然而，乙卻非個人導向，其聆聽風格被稱之為「**內容導向**」。**這樣的人在聆聽時，關注的焦點是事實、數據、說出了什麼，而非陳述的方式或在說話的人是誰。**相較於表達支持及同情，他們尋求的可能是確認說話者有幾分可信度——畢竟，在他們看來，對話的目的可能是找出事實或解決問題。

這種聆聽風格傾向於不插手、中立、客觀，但會探究細節、尋找模式或因果關係，試圖解釋故事中的邏輯論點，而非關注人的層面。可想而知，如果在更親密的關係中採取這種聆聽方式，可能會帶來災難性的後果；這種聆聽風格較適合使用在商業夥伴或正式關係中。

你可能已經猜到了，在我們的例子中，乙聆聽了甲的故事，但只「聽見」了字句所呈現出來的事實。相對於理解對方的需求或展開這段對話的心境，乙只試圖去確認甲說的是否為事實（「但你先前不是說……」），或者在甲並沒有明確表示為引發內在衝突的地方提出解決方法（「你應該要求加薪」）。

雖然沒有惡意，但談話的結尾很糟糕，主因為乙沒有留意到自己的聆聽風格不適用於該狀況，並且在錯誤的層面上做出了回應。相反的情況也一樣：如果職場裡的甲跟丙要討論這個問題，他們最好採取偏向於內容導向的聆聽方式，對話效果會比較好，對雙方來說都是。

然而，在巴克的理論中還提及了另外兩種聆聽風格，而每種聆聽風格之間都有一些自然而然的重疊。**「行動導向」的聆聽者很關心需要做什麼或者已經做了什麼、誰做的，以及正在採取什麼行動。**對他們來說，事情需要清晰、明顯、能解釋得一清二楚。如果對話者的聆聽風格跟自己不同，他們可能會顯得不耐煩、意圖操控、不屑一顧，針對對方的想法或情緒流露出「那又怎樣？」的態度。領導者及任職於以行動為主的產業的人，都可能會發現自己無法逃離這樣的聆聽方式，進而對自身的人際關係帶來損害。

最後，**「時間導向」的聆聽者，可能會將自己大部分的心神都放在時間的議題**

上；**同時關注時間在敘事、要求，跟對話中扮演了什麼樣的角色。**他們通常很在乎行程安排，並且將對話切割成整整齊齊的時間方塊，以便清楚管理。在聆聽他人的話語時，他們會不斷要求對方「整理一下頭緒」、總結情況、說重點，或者用某種方式去回顧某時某刻。對抱持著其他聆聽風格的人而言，這種聆聽風格的重心很奇怪，進而使得對話雙方都覺得煩人又走神。

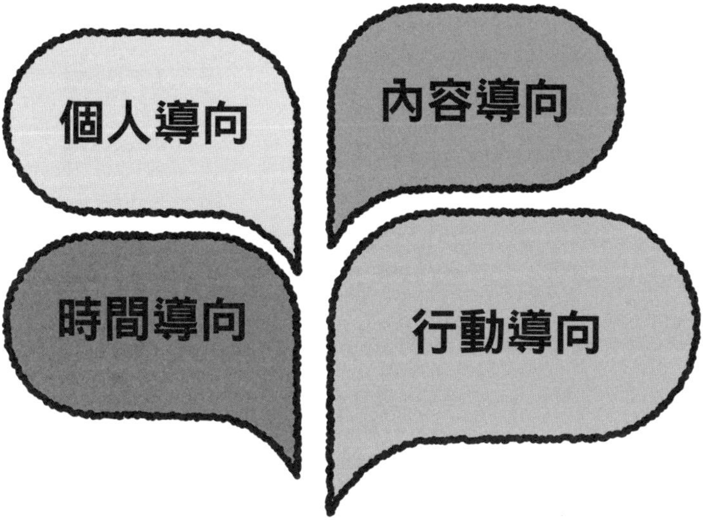

心理學家拉瑞·巴克 四種聆聽風格

沒有固定的聆聽風格

關鍵在於，這些聆聽傾向並非固定不變——每個人都可以從一種風格換到另一種風格，但會需要付出一些心力跟練習，特別是針對那些已經慣用某聆聽風格的人來說更是如此。沒有哪一種聆聽風格比較好或比較差；有效率的溝通高手，會意識到自己正在採取哪一種聆聽風格，將其視為交流工具，視情況需要進行不同風格的切換。重點在於，要對自己的狀況保持覺知，並且考量自己跟他人的需求，藉此選擇出可能最適合於參與對話中的每一個人的聆聽方式。

根據教育心理學家班傑明・布魯姆（Benjamin Bloom）的理論，這些不同的聆聽風格可以被套用在稍有不同的框架之中，只不過這個版本的理論或許已經存在數千年之久。我們可以將人們的整體聆聽取向區分為**感受型（內心的、情緒的）**、**思考型（頭腦的、認知的）**，**或行動型（雙手的、行為的）**。

班傑明．布魯姆的聆聽風格分類

行動型	感受型	思考型
例 經理人回答員工問答	例 心理學家、諮商師	例 醫生回答患者問題

那些偏好用頭腦（思考）來過生活的人，很像我們上面提及的「內容導向」的人，他們很有可能會把遇到的難題，都歸結為缺乏知識或理解不足。要跟這樣的人談話，比較好的做法，是明白他們是透過理性、結構、認知的方式，去學習嶄新的事物跟處理生活中的大小事。

這樣的情況，可能會導致採取另一種更目標導向的聆聽方式，稱之為「**資訊型聆聽**」——積極去聆聽事實、細節、論點或數據，這種狀況跟學生在課堂上可能展現出的專心聽講有異曲同工之妙。這種聆聽方式非常適用於企業環境或大專院校，但不怎麼適用於戀愛關係中，一如我們前面提到的甲跟乙的範例所示。

聽到想要的資訊後做出判斷

同樣地，**這種聆聽取向可能有益於批判性聆聽：資訊的真實性、連貫性、重要性皆獲得了分析跟評估**。重要的是，這種聆聽方式依舊以內容為重，尤其若聆聽者認為說話者的情緒跟期望是不相干的資訊，就會直接無視。這類的聆聽者可能會瞧不起行動導向的說話者，認為他們很愚笨；或者在心底深處喜歡用清楚而抽象的理論，去解釋這個混亂的真實世界。同時，他們可能也懼怕各種情緒，並且會在他人表現出情緒時，出現強烈的控制欲望。

一種常見的例子，就是醫生認真聆聽患者所說的話，但除了醫療事實以外一概聽不進去；醫生藉此做出診斷，同時也忽略了情感相關的內容。律師可能在聆聽客戶或同事所說的案子，並積極地試圖聽出被忽略的資訊、論點中的缺陷、弱點，以及勝訴的可能性。聆聽的目標很明確——盡可能蒐集高品質的資訊，以便好好地完成自己的工作。

先行動後思考

「雙手型」的人先行動後思考，或者更準確地說，他們的思考似乎就是透過行動。對他們而言，直接而真實的生活經驗是黃金標準，他們在生活中的表現方式就是大腦發出指令，雙手展開行動。他們理智而實際，鄙視過度思考型的人，反之亦然；他們認為這些人在浪費時間，缺乏對現實世界問題的理解。同樣地，他們可能也討厭那些「柔軟的」、以內心為重的，或者重視情感與關係的人，認為他們欠缺意志力跟毅力。

一個例子是，一名在上班的經理，正在聆聽一名員工描述辦公室裡的問題。雖然這名員工可能提到了大量的中立訊息，以及一些情緒相關的細節（「銷售部門的每個人現在都緊張得滿頭大汗」），但這名經理可能只聽到了他自認關鍵的資訊：這名員工目前為止實際做了些什麼？有用嗎？他可能不怎麼在乎員工的意見、想法、擔憂、分析。對他來說，除非付諸行動，否則這些都不大重要。

用理解和同理的方式

「內心型」的人會優先考量情緒、關係、整體內容，並且用自身的直接感受及經驗去跟他人互動，同時努力追求和諧與連結。內心型的人重視動機、價值觀、理解、感受及關係。他們可能會採用理解或同理的聆聽方式——其唯一目的，是對說話者表現出支持、同情、鼓勵。通常，這也是我們對他人回應時的真心期望，而也是這種互動能促進更深層的關係與開放的對話。在這本書中，我們主要就是希望能訓練這種聆聽方式，縱使其他聆聽方式當然也有其目的及好處。

內心型聆聽者的一個例子是，在聽朋友說話時，能夠專心聆聽，也許偶爾提出問題，或者為了表達支持而發出聲音或說些簡短的話語。老套陳腐的「那件事情讓你有什麼感受？」被廣泛認定是很糟糕的說法，但每一個優秀的心理學家、諮商師、看護等等人員，都會在對話中實際採取這樣的立場——他們想要知道對方的感受，細節反而是次要。

以內心型角度為出發點的聆聽者，能夠獲得珍貴的人際交流能力。儘管並非所有內心型的人都一定善體人意或是優秀的聆聽者，但可以這麼說：如果不是採取內心型的聆聽方式，就沒有辦法與他人產生深刻而緊密的連結。

所謂的**同理聆聽**（Empathic listening），指的是**聆聽時不評斷、打斷或修正對方的話，其目的就只是單純地聆聽並理解另一個人的經驗**。在理想情況下，我們在本書一開頭遇到的那位心理師，應該要採用同理聆聽，而不是假定自己已經清楚明白個案所要表達的意思。以內心為重的人可能會覺得，把重心放在知識上的聆聽方式很冷淡，甚至可說不人道，同時也無法相信那些會忽視自身或他人情緒的人。

當然，所有這些把人分門別類的行為，都可以說是「頭腦型」的活動，不過絕非是要藉此提供一套顛撲不破的準則，只不過是一些關於聆聽方式的建議，能夠幫助每一個人更有效率地跟他人溝通。就我們的目的而言，那些能夠自在而嫻熟地使用「內心型」聆聽技巧的人，幾乎都是溝通高手。雖然我們的目標是要能夠覺察自己的聆聽方式，並且視情況需要調整成不同的聆聽模式，但在那之前，首先我們或許該從感情與情緒的角度切入。

▶正確的聆聽框架

在討論聆聽風格與特定對話觀點時，與之息息相關的是「**聆聽框架**」的概念。在閱讀前面的幾個段落時，你可能明確地留意到，想要採取何種聆聽風格，跟當下環境有很大的關聯。你在跟誰說話？為什麼要跟這個人說話？還有先前發生了什麼事？這些都很重要。對方要的是什麼？你本來的聆聽風格是哪種？以及你必須如何針對現場情況重新調整聆聽框架，才能讓溝通更順暢？這些都是你至少在腦海中應該會一閃而過的問題。

在我們早先提到的甲跟乙的例子中，他們各自的性格跟聆聽風格可以說是次要問題，主要問題來自他們沒有使用相同的聆聽框架——一個人想要獲得理解，另一個人則試圖提出建言跟實際的建議。

在一定程度上，聆聽框架的差異可以解釋多數的人際衝突，如果你能夠熟練地留意到它們的存在，或許就能幫自己取得一個得以消弭誤解的強大工具。

那麼，何謂聆聽框架？聆聽框架就像某種觀點，但它所涉及的並非單一對象，更像是兩個或以上的人在進行對話時會共用的暫時性舞台。

你的聆聽框架可能關乎斷定權力關係、解決問題、互相認可、交換訊息、抱怨、隨意談天、針對某種誤解訴苦、分享人生指引或生活智慧等等。聆聽框架是這一切的背景，是沒有說出口的目標。**適當理解聆聽框架會如何塑造人際互動，能夠讓你更深入了解如何提升自己的聆聽與對話能力。**

即便採取同樣的聆聽框架仍舊可能引發衝突（舉例來說，兩人的聆聽框架是爭吵或競爭），但對等或一致的聆聽框架通常能促進彼此的理解，而不一致的聆聽框架則可能導致徹頭徹尾的溝通失敗。

例如下列情況：

一名女性希望店員能提供協助，但店員更想跟她調情；

某人打電話進服務中心的技術支援熱線，卻沒有意識到電話另一端的人並不負責處理抱怨公司或產品等客訴問題；

某人趁著週末休閒時光，想要舒舒服服地隨便聊些愉快的話題，但朋友卻想拉著他來場令人頭昏腦脹的深度哲學對談；

某人講了一個有趣的笑話，但有人偶然聽見，並且決定「糾正」他們，卻完全忽略了說笑話之人的意圖跟語氣……

某人正在抱怨上司，想要吐點苦水，但聆聽的一方立刻列了一張清單，鼓勵對方以清單上的冷暴力行為來讓上司好看。

你應該明白我的意思了。

聆聽與被聆聽之間

對多數人來說，靈活運用各種聆聽框架，並且知道如何針對各種獨特情況進行搭配，就能接受這樣的事實：對話並非只為了解決問題，以及，我再次強調，**單純的聆聽跟讓對方感受到被聆聽，是我們日常生活中的首要之務。**

不一致的聆聽框架，等同於不同的對話目標——這樣的差異意味著，其實任一方都無法滿足自身的需求或目標。有可能其中一方得到了滿足，但通常只有一致的聆聽框架，才能讓雙方快速達到自己的期望。

假若有不一致的情況出現，最重要的第一步，就是留意到它的發生。如果在對話時，感覺到尷尬、僵硬或挫敗——或者倘若察覺到對方感受到這些情緒（這就是內心型聆聽方式的好處！），你就會知道情況有點不對勁。陷入不一致聆聽框架的時候，你常會覺得對方彷彿在繞圈圈，或者牛頭不對馬嘴，或者無聊透頂。

接下來，試看看你能不能大致分別確定自己跟對方的對話目標。一旦雙方想法一樣後，不一致的狀態就會結束——**他們接受了你的聆聽框架、你接受了他們的聆聽框架，抑或你們雙方共同擁有一個新的聆聽框架。**如果理解雙方有共同的對話目標，你們也可以說好在擁有不同聆聽框架的情況下對話。邀請一位第三方權威人士與會，或者參照特定衡量標準（「你說東，我說西，不妨讓我們來參閱一下這本指南手冊，照上面說的來進行」），也會有幫助。

但是，如果對方的對話目標是「逮住這些聽眾，逼他們聽我的有趣故事，好讓他們知道我有多棒」，而你的對話目標只是在朋友的派對上享受美好時光，怎麼辦？那些對話自戀症患者、霸凌慣犯，還有憤怒的、想爭個對錯的、想抱怨某個困擾的人，可能不會想要改變聆聽框架——而跟這些人打交道的時候，你八成也不會想屈就他們。

在這種情況下，明智的做法是，承認並非所有對話都有辦法進行下去；**有時候，最好的互動方式就是停止互動，或至少改天再繼續聊。**如果你發現到一個糟糕的聆聽框架，並且認為把這件事情開誠布公說出來能對這場對話有益的話，那就大聲說出來吧；但如果有人鐵了心想強迫你聆聽他們那些有害或荒謬的觀點，你隨時都可以選擇主動離開這場對話。

學習掌握各種框架的使用方式，不但能夠幫助你隨時隨地悠然穿梭於各類社交情況，還能讓你對自己的溝通風格有更通盤性的理解。你通常會採用哪一種聆聽框架？為什麼？這樣的聆聽框架能夠滿足你日常生活中的對話目標嗎？如果你有時會沒辦法好好溝通，原因是什麼？你應該要怎麼做，才能讓下次的溝通更順暢呢？在摸索對方的聆聽框架時，如果你先把自己放在一邊，並將心思都放在對方身上，那麼你的判讀跟分析會更快、更有效率。

在跟他人互動時，一流的聆聽者都積極又實事求是，不會毫無意識地任由過往習慣牽著自己的鼻子走，從不考慮自己那些能有效促進對話效率的溝通技巧。不用做什麼複雜的事，**只要定時確認自己跟對方有著相同的對話目標，並且不要讓自己膠著在單一的聆聽框架或聆聽風格中。**

在這段互動／事件／對話／聊天／發洩中，這人想要的是什麼？抱持這樣的想法看似不困難，但鮮少有人能實際做到這個簡單的步驟。覺得問自己這個問題很艱難嗎？有可能，但這其實只是讓自己抽離當下的對話場域，先去思考對方想要的是什麼。以自己為優先的思考慣性根深蒂固，難以跳脫。

聆聽的五個層級

我們一路談過了不同類型的聆聽風格及聆聽框架，在本章的最後一節，我們要來聊聆聽的不同層級，以及通常要做些什麼，才能更快速地成為一名聆聽大師。跟先前提過的溝通技巧不同，某些聆聽層級並沒有任何實際功用，層級的差異單純只是表示集中力及關注力的投入多寡而已。

我們會體驗到的聆聽層級有五個階段，從充耳不聞到幾乎全神貫注。在人生中的多數情況下，我們會遊走於前四個層級之間，而這四個層級至少都反映了一定程度的自我中心。換句話來說，在這四個層級中，我們仍然會參照自身的觀點來解讀他人所說的話（前提是我們真的在聆聽的話）。多數人最多只能期望自己達到第四層，但即便已經到了那個境界，我們最深層的對話意圖仍可能帶有些微的不老實。

事實上，有些人的聆聽層級從來沒有達到過最深的第五層，縱使這是最重要的一個階段，也是我們應當企求的目標。在這個階段，我們會全心全意、全神貫注地聆聽對方所說的一字一句。能夠抵達這個程度的人少之又少，遑論維持不變。但為了促使關係中的溝通有所進展，我們必須努力達到最深的聆聽層級。

那麼接下來，就是我們要談的五個聆聽層級：

聆聽的層級

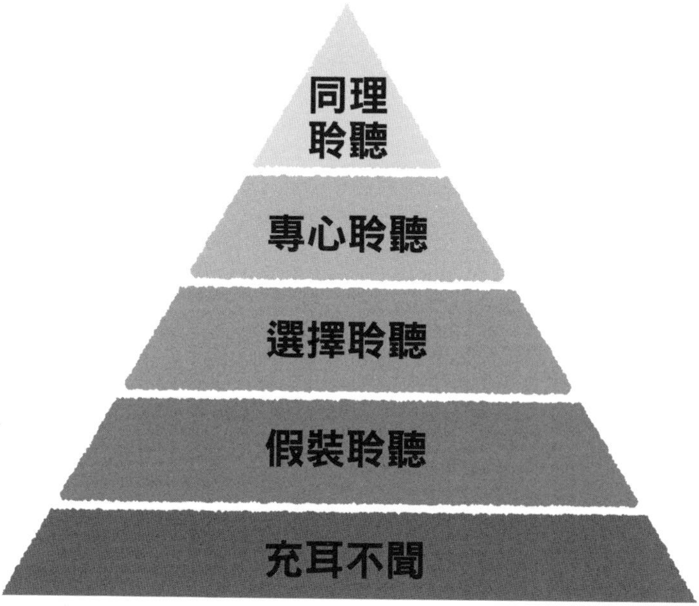

1 充耳不聞

我敢說你一眼就看得出這個層級的情況：一個字都沒聽見——猶如一隻把頭埋在沙子裡的鴕鳥。無論你是分了心神、在想別的事，或者毫不在意，充耳不聞的態度會立刻讓任何試圖跟你說話的人心灰意冷。

甲：我很擔心我們的兒子。他把太多時間耗費在網路上，再也不跟現實世界的任何人互動了。

乙：（未回應）

甲：就好像他完全沒有興趣跟任何人建立真正的關係了。這讓我很擔心。

乙：（未回應）

甲：哈囉？

乙：（未回應）

甲：另外，他剛剛把家裡的休旅車開進河裡，還在客廳裡把小動物殺了獻祭給魔王。

乙：（未回應）

甲：你有聽見我說的任何一個字嗎？

乙：欸，你看那隻松鼠！

這個層級沒有什麼好解釋的。這是糟糕透頂的溝通模式。乙對甲的觀點毫無興趣，一個字也沒吭，直到發現了自己有興趣的東西才開口。**陷入這種層級的溝通模式時，最要緊的就是馬上離開**（但請留意，如果有人是沒辦法聽見你說的話，那就不是充耳不聞了，在這種情況下，不妨提高音量）。

2 假裝聆聽

這種情況在面對面交流時最常見。我們乍看之下很專心，但其實沒有認真聽對方所說的話。我們的眼神可能很空洞，看起來也是「心不在焉」。我們會做出各種小動作，來假裝自己聽到對方說的每一個字。但實際上，我們只是在敷衍，就像一名百無聊賴的導護爸爸或導護媽媽。這種情況甚至跟不同的聆聽風格或聆聽框架毫無關聯，除非你的聆聽框架是當個虛情假意的朋友。

甲：我前幾天跟我姊聊天。我姊夫一直在加班，我猜她覺得有問題。

乙：嗯嗯。

甲：我是說，我知道她有時會有點小題大作跟疑神疑鬼。但他不可能有那麼多工作要做，多到他一個禮拜有四天沒辦法回家吃晚餐。

乙：對。

甲：我有點覺得她的擔心可能不是沒有道理。你不覺得嗎？

乙：是啊。等等，你在說什麼？

甲：你眞的有在聽我說話嗎？

乙：呃……欸，你看，那隻松鼠回來了。

第二個層級的聆聽者，**只透過表面的行為，來說服對話的另一方自己是在聆聽，**藉此顯得不失禮貌。不過當然，他們仍舊一心一意地想著自己的事情。他們只做了最小範圍的努力，而這種行為對那些試圖說出真正想法或擔憂的人來說，只讓他們沮喪不已。比起充耳不聞是好一些，但也就這麼一些。

3 選擇聆聽

到了這個階段，我們開始真心關注對方所說的話——一定程度上。只要對方說的話博得我們的認同或同情，我們就會聽見。但如果對方調整對話方向，說出的話不符合我們的預期，我們就會回到假裝聆聽或充耳不聞。之所以會做出這種回應，可能是因為我們不想讓自己陷入某種情緒、對該故事毫無興致，抑或不認同該論點。一開始，我們的回應彷彿認真又關心，但到了一個觸發點之後，我們就躲進了自己的蝸牛殼中，躲回了自己的世界。

甲：我真是受夠這些同事了。問題出在冰箱規約。我講了好幾個星期了，如果容器上有寫名字，其他人就不應該去使用。

乙：我同意。他們還在偷吃你的東西啊？

甲：對。有人用了我的沙拉醬。

乙：唉唷，這樣很不好。

甲：我明白他們的想法。他們覺得沙拉醬不算食物。他們覺得那比較像調味料，就像芥末醬或番茄醬。

乙：我想我明白他們爲什麼會這麼想。番茄醬或芥末醬一次只會用一點點，沙拉醬可能就會用比較多。

甲：你知道嗎？如果冰箱裡面有一瓶番茄醬，如果我的名字寫在瓶子上，別人就是不應該使用。如果我想跟別人分享，我自然會分享。

乙：不過那只是番茄醬啊。

甲：那又怎麼樣？如果我的名字寫在上面，番茄醬就只有我能用，其他人都不行。如果那麼想要番茄醬，自己去快餐店拿一堆醬包回來不就好了。別來碰我的番茄醬。

乙：（未回應）

甲：這就是當今時代最典型的不尊重別人！他們認爲番茄醬就是應該共用，就好像這是他們的權力似的！我才不管！我已經宣布那是我的番茄醬了，你想要用就得先問過我！你懂我的意思嗎？

乙：（未回應）

甲：我說，「你懂我的意思嗎？」

乙：喔，抱歉。我剛剛只是在看電視上那隻松鼠。

首先，用不著擔心這些對話聽起來有多愚蠢。我是故意的。讓甲不開心的事情，在許多人看來，根本小之又小、「雞毛蒜皮」。這些一再發生的事情讓他們覺得厭煩，都快被逼瘋了。甚至應該問，這種小事值得浪費時間去抱怨嗎？

答案是……這不重要。無論我們認為甲對食物的所有權是否過度重視，他們還是因為所發生的事情而覺得不開心。這樣的感受並沒有錯。這是甲的感受，他們有權對冰箱裡的大小事擁有任何感受。

乙在一定程度上同意甲的觀點。但甲後來說的話乙不認同：沙拉醬跟番茄醬，不管從什麼角度來看，在冰箱剩餘物的世界裡，是不能一概而論的。乙認為甲提出了一個荒謬的觀點，因此就不予理會。

就算我們同意乙而不同意甲的觀點，實情是，一旦對話轉入乙不喜歡的情況，他們就退回層級一的充耳不聞，直接忽略甲說的話。他們就這麼退出了對話，也停止了聆聽。

這就是選擇聆聽：如果談話方向符合我們的期望、呼應我們的價值觀，一切就都沒有問題。可是一旦聽見否定的言論，我們就立刻神遊太虛。無論談話的主題是番茄醬、世界政局、家庭議題、生死問題——選擇聆聽仍舊是一種不完整的溝通方式（有些人可能會覺得這比充耳不聞還糟糕，因為這會讓對方誤以為你是認真在聽）。

4專心聆聽

老實說，這很棒。不完美，但很棒。我們全心關注對方所說的話，認真聆聽對方所提出的每一個細節。我們一心一意，我們沒有選擇性地將他們拒之門外，也沒有改變話題。

然而，這個層級之所以不是最好，源於我們雖然全心全意地聆聽，但用的卻是自身那分析跟評斷的思維。對方說話時，我們會將他們的陳述跟自己的觀點比較，以決定認同與否，猶如這是一場辯論比賽。在一場雙方都期望能進行對等交流的雙向對話中，這麼做再公平不過了。但事實上，我們依然運用理智跟邏輯去評估另一方所說的話，而這麼做也使得我們無法純粹地聆聽。

甲：我媽開始做網路生意了。

乙：哪類的生意？

甲：賣一些她自己的手作小物。她覺得她自己就能經營得來。我不確定她到底知不知道自己在做什麼。

乙：你擔心的點在哪裡？

甲：她從來沒有做過任何跟網站經營或程式編碼有一丁點關係的事情，我也不知道她身邊有沒有人做過這類的生意。她都快七十歲了，我只是擔心她低估了這件事情的困難度。

乙：你知道嗎？她可以去上一些相對便宜的線上課程，從零學起。很多人都靠這些課程獲益良多。

甲：是啦，我猜她可以研究一下。

一如你所看到的，兩人交流的最後並沒有產生意見分歧、誰對誰錯、事不關己，或者，感謝老天，又看見了松鼠。這場交流公平而開放。乙認真地聆聽了甲說的話，並且引導甲暢所欲言，使得甲能夠安心地表達內心深處的感受。一切都很棒。

但在聽了甲解釋自己的疑慮後，乙建議甲的母親應該要研究一些線上課程。乙是從自身的立場給出了建議。聆聽甲的疑慮，激發乙自己的經驗、判斷、意見，促使乙針對該議題發表了評論，卻沒有反映出甲的想法或感受。

這樣很糟嗎？當然不會。或許甲跟乙的交流一直都像這樣。他們或許十分樂於聆聽及給予彼此建言，甚至可能歡迎對方這麼做。但是甲可能會將乙的建議視為某種不接納。甲方本來在表達自己的情緒狀態，說不定話還沒說完——他們可能會把乙的建議解讀成旨在停止對話的強制解決方案。

一切都取決於他們的關係有多穩固跟緊密，以及他們所設立的溝通交流的界線在哪裡。專心聆聽非常棒。像乙所提出的這類回應並不差，但願這不會造成兩人在後續試圖找話說時，變得過於小心翼翼。只不過，在開始溝通之前，這類可能讓對方覺得不被接納的回應，都應該要多注意、思考、細想。

5 同理聆聽

這是最後、**最理想的聆聽層級**，也是第一層級充耳不聞的徹底相反。在同理聆聽中，我們會把注意力都放在交流的另一方身上。我們不單只是專注聆聽他們所說的話——還設身處地為他們著想。我們並非假定自己處在他們的立場時會怎麼做、有什麼感受；我們正在努力了解他們為什麼會有這種感受。

在同理聆聽中，我們會表現得彷彿是第一次聽到對方的故事，縱使我們可能先前就已經跟對方聊過了。我們將其視為嶄新而非比尋常的訊息，也不會透過自己的評斷、價值觀、意見、慣性思維去解讀。這個聆聽層級相當不容易達到，很要求自我約束。但對話雙方都能因此獲益滿滿。

甲：我知道我們之前聊過這件事，但克里斯眞的氣死我了。過去幾個禮拜，他超難相處，我不知道該怎麼辦。

乙：怎麼了？

甲：他離我很遙遠。他很疏離。在大部分的日子裡，他會在外面待到很晚，就算回到家，也會把自己鎖在書房裡，把自己關起來。

乙：你一定覺得非常寂寞。

甲：是啊，但更重要的是，我覺得自己被懲罰了。我們已經在一起七年了，這個改變沒來由地忽然發生。我很困惑。我不知道是什麼事情引起的。我不知道他是不是隱瞞了什麼，抑或只是伴侶在一起久了都要經歷這麼一段過程。

乙：在這種謎團重重的氛圍下，你一定很難受。

甲：是啊，眞的。要是他能跟我說點什麼，讓我不要這麼不明不白的，那就太好了。我也不知道；走一步算一步吧。

在這個範例中，乙徹底不涉入對方敘事中。他們先是鼓勵甲傾訴心聲。接著他們試圖想像甲正在經歷怎麼樣的情緒跟心境，而不是讓自己成為對話的主題。

這就是為什麼乙說：「你一定覺得非常寂寞」而非「要是我就會覺得非常寂寞」——一個在句法上或許渺小到難以察覺的不同，卻強調了甲才是這場交流的主題，而乙則是全神貫注地聆聽。

接著乙設身處地想像甲的處境，並試著感同身受：「在這種謎團重重的氛圍下，你一定很難受。」這句話表示乙真的想了解甲正在經歷的痛苦。這就是第五層級跟第四層級的不同，在後者的情況下，他們會將耳朵聽見的東西，跟自身的經驗比較，進而評斷——第五層級聆聽所給予的是猜測，而非斷言。而且這個陳述的重點是

「你」，而不是「我」。這讓甲知道自己得到了充分的關注跟理解，而這就是一種受到接納的正面溝通體驗。

第2堂課重點整理：

- 假設你想要學習如何彈吉他，你是右撇子，卻意外買到了一把給左撇子用的吉他。這顯然不是成功的祕訣。我們可以套用這樣的觀點，來看待各種不同類型的聆聽風格。如果想要溝通順暢，我們的聆聽風格一定要跟對方的對得上才行。
- 雖然也可以說，世界上有數不清的聆聽風格，不過我們主要記住四種就夠了：個人導向（關注情緒）、內容導向（關注資訊）、行動導向（關注待辦事項），以及時間導向（關注持續時間跟發生頻率）。為了成為聆聽大師，我們想要認出自己慣常的聆聽傾向，然後試著更偏向個人／情緒聆聽風格。這是因為人們在下達命令或籌備遠行之外的溝通交流，都是為了表達自身的情緒。去找出答案吧！另一種有關聆聽風格的描述，是將之分成頭腦型、內心型、雙手型。頭腦型是關注思考與計畫的一切，雙手型是關注行事與行動的一切，而內心型呢，則是關注情緒與人們幸福的一切。再次強調，找出自己的聆聽風格，然後想想要如何往個人型／情緒型／內心型聆聽風格前進。

● 聆聽框架是聆聽風格的另一種呈現方式。聆聽框架更流動，你只需要自問對方的整體目標或交流目的就可以了。他們的聆聽框架是什麼？你的聆聽框架又是什麼？雙方的聆聽框架一致嗎？如果不一致的話，請利用你的新知識，去讓它們一致吧。思考聆聽框架的簡單方法，就是把它當成一場演出。所有的演員想法一致，朝著同一個目標努力，並試圖獲得情感上的回報。如果其中一名演員想要稍微即興發揮一下，闡述自己的角色對大海的熱愛，會發生什麼事呢？顯然不會是什麼好事。

●最後，我們來到了聆聽的五種層級。不像聆聽的框架或風格，有些聆聽層級只有壞處沒有好處。這些層級分為：充耳不聞、假裝聆聽、選擇聆聽、專心聆聽，以及同理聆聽。前兩個層級用處不大，而唯有達到同理聆聽的層級後，我們才能把自己從對話中抽離，讓聆聽只是聆聽，而非聆聽是為了回答。在日復一日的交流互動中，多數人都只能做到層級一至三，至多到層級四的聆聽。

第3堂課

聆聽之難

在聆聽時，你要做的是陪著他們找出自己的結論，
而非假定自己是全知的智者。

聆聽的關鍵

久未聊天的兩人在咖啡店碰面，除了聊聊彼此近況，也東拉西扯地討論些事情。

泰德：「我已經有好幾次想跟他聊那件事了，但坦白說，他好像有點聽不懂，妳明白我的意思嗎？」

克莉絲汀：「呃──什麼意思啊？聽不懂什麼？」

泰德：「這就有點像……有人跟我說，女人從知道自己懷孕的那一刻起，就會成爲一名母親，但男人要等到嬰兒生下來了，才會成爲一名父親。我也有這樣的感受。彷彿他還沒聽懂我的意思……」

克莉絲汀：「就好像他跟你不是待在同一艘船上……」

泰德：「就是這樣。我覺得這件事情對他來説還是太抽象了，好像他還是一知半解。我的意思是，我不是不能理解，但是，我不知道……」

克莉絲汀：「哦，我聽懂了。聽起來你理解他的感受，但還是有點別的東西。」

泰德：「沒錯。我猜我可能有點失望？或許我只是在擔心，自己可能要獨自一人去做這件事，而這跟我們原本談好的不一樣。這不是我原先預期的情況。我們是一個團隊耶。」

克莉絲汀：「你覺得你們倆應該……有點像齊心協力。」

泰德：「對。但我在跟他提到的時候……感覺不是這樣。他的態度就好像我才是那個懷孕的人，而他只是擔任類似旁觀者的角色。我的意思是說，我不是想要說他的壞話……」

克莉絲汀：「當然不是！聽起來這件事情不容易說。」

泰德：「唉，我還能怎麼說呢？我想最終我只是……他其實現在就可以退出了，妳懂嗎？我才是那個眞的在做事的人。我這樣說對嗎？」

克莉絲汀：「對極了。你覺得自己是在擔心他退出嗎？」

交流就這麼繼續下去。在上述對話中，兩個人花了差不多的時間說話，不過其中一方顯然在訴說跟表達，而另一方顯然在聆聽——主動聆聽。如果你倒回去重讀一遍對話，就會發現聆聽者或多或少又跟說話者重述了一遍相同的對話內容，雖然將訊息重組、有時變成問句，或者只是單純地給予鼓勵跟支持（「哦，我聽懂了」）。

雖然實際說得並不多，卻激起了巨大的反應跟一定程度的補充說明，顯示說話者心裡的舒坦及情緒的滿足。關鍵在於，**說話者真心覺得對方在聆聽，而這就是我們聆聽時能做的其中一件事——不單只是保持沉默。**

不單只是聆聽，更要深入對話

在這段對話中，說話者很可能會感受到對方無微不至的聆聽跟無與倫比的支持。聆聽者全神貫注，她不單只是聆聽，更深入對話內容——事實上跟情緒上都是。此外，**聆聽者不是插入自己的想法，而是巧妙而認真地思考並總結對方所說的話**。重要的是，這跟只是一個字接一個字重述的鸚鵡學舌不同。聆聽者偶爾也會「確認」一下自己的理解是否正確——「聽起來你的意思是這樣那樣，對嗎？我的理解有誤嗎？」

這些行為清楚而明確地表明，**聆聽者的對話目標是深入理解說話者**。事實上，彷彿聆聽者主動幫忙說話者確立自己的觀點，透過的是一連串的暗示跟引導。這類對話通常能帶來深刻的洞察跟理解，這類談話能讓人們覺得被理解、與他人有連結，而且就像他們已經主動解決了某些難題或困境。有時你可能會覺得自己已給予對方全心關注，但除非你參與對話的方式讓他們感受到這樣的關注，否則這件事情就猶如並不存在。

這類的「深聊」（相對於閒聊）能夠讓人們的關係更緊密。兩名溝通高手碰面時，他們可以輪流主動聆聽，使得對話不再是自我中心的展演、尋求他人關注、爭論或扯淡，而是成為一個平台，供對話雙方建立有意義的連結、享受他人的陪伴、解決問題，以及挖掘生活中的精采話題。

▶拒絕聆聽，等於被迫放棄對話

或許上面的對話能讓你想起一位優秀心理學家的作為，的確沒錯，知名的心理學家卡爾．羅哲斯（Carl Rogers）曾深入探討過這種方法。他相信心理治療過程中的「無條件積極關注」以及主動聆聽、同理、回饋，是會帶來深刻轉化性對話的關鍵要素——歸根究底而言，**心理治療即是一種對話**。

聆聽不是被動的。許多人拒絕聆聽，因為他們認為那等同於被迫放棄對話，在舞台上扮演無趣的那一方，他們必須「苦苦等待」，直到獲邀登台為止。這種心態會造成災難性的後果，因為要能好好對話，必須雙方都主動而有意識地參與。問題點在於，認為相較於聆聽，說話更有趣也更主動。這種想法大錯特錯。此外，我也再次強調，想要成為目光焦點，跟想要與他人建立連結，是徹頭徹尾毫不相同的兩個對話目標。

優秀聆聽者知道一些差勁聆聽者不知道的事——聆聽別人說話跟分享，就跟說話一樣令人愉快，前者有時甚至更愉快。**把某人當成堅果一樣剝開其外殼，讓他們流瀉出真實的情感跟表達，這件事情會讓人心滿意足，甚至心曠神怡。**過程中也並非一定要百無聊賴又安安靜靜地坐著點頭。你可以非常主動，幾乎就像解開一個謎團——如果你能夠做到只給出正確回應的話。這正是所謂的主動聆聽。

主動聆聽

我們在前一個章節中，聊到了聆聽的五個層次。要如何達到最高境界呢？就像學習閱讀跟寫作需要練習一樣，要熟悉主動聆聽這個技能也需要練習。

若想建立堅定的情誼，主動聆聽會是你最強大的武器。主動聆聽能讓你尊重並在乎對方的觀點，也能讓你更輕易地去處理複雜難解的資訊，而這點是被動聆聽做不到的。它也能簡化溝通過程：主動聆聽可以幫助你了解對方的需求，從而使你的回應不再小心翼翼，而是公開開明。

或許最重要的是，主動聆聽能夠讓你百分之百地清楚並確信自己正在逐步理解說話的另一方。讓對方知道你與他們同在。

同時，**我們必須將自我意識放在一旁，這樣才能真正去了解對方所說的話**。我們稱這個過程為「主動」聆聽，因為它會用到大腦的許多區塊，並讓我們去做一些事情，以期理解目前的溝通狀況。

心理師（至少必須是好的心理師，不像我們早先在這本書中提到的那位）是主動聆聽者的絕佳範例。他們會帶著明確的目的去聆聽個案所說的話。如果有什麼地方沒辦法百分之百地確認，他們會鼓勵個案更加清楚而沉穩地說出來。

這些心理師會試圖重述患者的陳述，並要求他們詳細說明自己的意思。最重要的是，他們會努力透過沉思、清晰的肢體語言，以及帶有同理心的態度，讓個案在溝通時覺得平靜又安全。心理師有一個非常明確的目標，那就是聆聽個案的心聲，而他們的每一個回應都以這個目標為依據。在試圖聆聽他人的話語時，我們做到同樣的事情了嗎？

練習主動聆聽的技巧

在主動聆聽這個技巧中，包括了一些你幾乎可以立刻開始使用的基本回應及詢問，全部都是設計來確保說話者能夠感受到你理解他們的情緒。畢竟，如果只在你腦海裡發生，卻沒有辦法傳達給對方，這還算什麼聆聽呢？

理解。主動聆聽的第一步，首先當然是能夠理解對方所說的話。如果對方說話時所使用的語言跟我們平常慣用的一樣，那麼這個過程就會自然而然地發生。

但還有其他潛在的阻礙——例如，這個人使用了很多我們不熟悉的術語或俚語，或者我們跟對方之間有世代、社會地位或文化等差異，而我們又對相關的知識知之不詳。最重要的是，你只需要確保能夠理解說話者的感受，那麼你就可以確知他們目前的需求跟渴望。

如果不明白對方所說的話，我們的絕佳回應會是「可以請你用五歲小孩都能聽得懂的方式，解釋給我聽嗎？」一個五歲小孩已經知道夠多的字彙來對話，只不過需要另一方用他們已知的字彙，以及非常具有耐心又沉穩的方式，向他們描述相對複雜的情況。特別是如果你認為對方害怕自己會顯得高人一等或居高臨下，那麼請求對方用彷彿你比自己的實際年齡還要年輕許多的方式來描述的話，會讓他們感到自在一些。

其他用來請求對方幫助你理解的語句包括：

「發生了什麼事？」

「說說你的故事。」

「是什麼意思呢？」

「多跟我說一些。」

「你可以把這個部分說清楚一點嗎？」

廣納。不只是記住你聽見的事情，廣納資訊，指的是聽**明白說話者想表達的事情，我們才能給予適當的回應**。你想要明白整個故事，遠超過基本事實跟事件。目標是盡可能讓自己站在說話者的立場上，而當然，提出問題是必要的。

聆聽某人說話時，我們往往只保留那些更能打動我們的細節，或者用我們自己慣用的方式去留下相關資訊。但那只是我們個人的觀感，如果想要成為一名優秀的聆聽者，這麼做並不怎麼管用。

舉例來說，如果某人提到他們去了一場約會，我們可能會記得關於該事件的一些實際細節（他們去了哪間餐廳、他們看了哪部電影、他們穿了怎麼樣的服裝）。或者我們可能會記得一些關於那場約會的整體性描述（對方具有什麼樣的個性、那場約會「是什麼樣的感覺」、跟過去的其他次約會有什麼不同）。

在對話中，我們通常會找機會說點什麼，發表一些「淺見」。這麼做很正常，但對主動聆聽卻無益。為了適當地廣納另一方所說的話，我們得把自我意識放在一旁，把注意力牢牢地放在對方的字句上。

為了確保你能夠廣納所需的相關資訊，你可以這麼問：

「那對你來說有什麼意義？」

「我想確認一下，後來發生了什麼事？」

「等等，她是怎麼做到的？」

「那對故事帶來什麼影響？」

「那讓你有什麼感受？」

「你當時有什麼反應？」

回應。主動聆聽需要你努力用自己的理解去構築出一個適當的反應——否則說話的人可能會覺得自己在跟一堵牆對話。我已經提過很多次了，聆聽絕對不是被動的！有效的回應能夠表達出我們關心對話另一方所說出口的話。

你已經在聆聽、理解跟廣納資訊了；**良好的回應能夠證明你明白說話者說的每一件事，也留意到了他們的非言語訊息**。想像一下，你正在跟某人說話，而你不確定對方是否聽得懂你說的話。他們完全沒有表達出理解的跡象——你會覺得他們是在聆聽嗎？這就是為什麼回應是必要的。

一如廣納資訊，回應的重點在於抽離我們的自我跟想法。你試圖在不帶偏見的情況下，了解對方的感受跟意見：

說話者甲：這就是爲什麼我不喜歡參加晚餐派對。

回應者乙：聽起來也太瘋狂了吧！那個奇怪的人從蛋糕裡面跳出來的時候，你有沒有很慌張？

說話者甲：與其說是慌張，不如說是失望。我原本預期禁酒會的成員能搬出些更成熟的驚喜才對。

回應者乙：一定很考驗你的耐性吧。對不對？

說話者甲：一點點嘍。但最重要的是，這件事情證明了，我必須開始限縮一些娛樂預算了。

在主動聆聽中，每個回應都應該反映說話者曾說過的話。這些回應應該呈現出你對另一方的想法與感受的濃厚興趣。相較於表達自身的意見跟觀點，主動聆聽式的優良回應，能夠幫助對話雙方進入一趟自我發現之旅。

在說出良好回應時，請試著回應另一方的想法跟感受。想要做到這一點，你可以透過用自己的方式，來重述他們所說過的話。回應對方時，要站在他們的立場上；提出任何與他們當前的狀況毫無關係的建言或想法，可能只會讓對方不快或分心。在你盡可能地充分理解對方傳達的所有資訊之前，不要提供反駁或矛盾的意見。但就算已經充分理解了，你也要盡量別說重話。

在主動聆聽中，一些積極回應的例子可能類似：

「我對你的故事很感興趣。」

「這種情況聽起來很像〇〇。」

「我明白你爲什麼會有那種感受。」

「我的感覺是，你覺得有些事情必須改變──你想要改變什麼？」

「你對這種情況感到〇〇嗎？」

主動聆聽的整體目標，是充分掌握對方的觀點或生命經驗，並讓你以有意義的方式吸收這些資訊，進而促使你獲得新的知識跟理解。為了實現理解、廣納、回應等目標，你可以採用下述幾種技巧：

重述。用自己的話來重述對方的觀點，是促進自身理解的一種絕妙方式。重點在於，不要跟鸚鵡學舌一樣，只是把對方說的話原封不動又說一遍，而是要展現出你已經捕捉到了他們話語中的精髓。要讓對方知道你不單聽見了他們的話，想法也跟他們一樣。如果你說的話不是百分之百正確，他們有很大的機率會糾正你。

對方：那個情況讓我既困惑又害怕。

你：在那當下，你一定覺得很危險——一定很難知道該怎麼做。

反映情緒。另一種重述的方式，就是根據情緒而非事件或故事來做出回應。反映情緒，能夠讓說話者的故事進入更深的層面，能夠藉此證明你十分了解。清楚地說出或詢問他們當時經歷了怎麼樣的情緒。

對方：到最後，我爸說，他一直都知道我進不了那所大學。

你：太可怕了。聽起來是很殘忍的否認。

總結。試著將說話者的故事細節，用口語的方式總結成簡明扼要的形式，以展現出你對故事全貌的掌握。這跟重述很像，但你要進行範圍更大的概述。你也可以利用這個方式，來測試自己的理解程度。對方可能已經提出了許多的觀點跟想法，而你有可能已經忘記了主要的情緒、行為或目的。

你：所以麵包師弄錯了你的訂單，晚餐燒焦了，他們派了催眠師而不是小丑過來。老天，如果那是我孩子的生日派對，我肯定氣炸了！

標記情緒。在通常的情況下，說話者會沉醉於訴說實際細節跟相關行為。你要盡可能地敏銳，試著辨識出他們還沒有辦法明確說出口的情緒。這件事情本身並不困難，因為你只需要陳述某種正面或負面的情緒，可是一旦你準確地道出某人的情緒，他們就會以為你有超能力。

他們：最後，老闆因爲忽視了我的工作而道歉，並且保證從現在開始會更加留意。

你：哇，我猜想你一定鬆了一口氣，也覺得自己的所作所爲獲得了肯定——更別說還有些驕傲了。

探問。不要聽起來像個富侵略性的審訊人員，試著問一些引導性的問題，藉此讓你能更理解說話者，也賦予談話更深一層的意義。多數人都喜歡別人問他們有條有理又不太自以為是的問題。探問時，你可以嘗試猜測人們的感受、反應跟渴望。這種類型的探問表示你十分投入，想跟他們一起找出結論，並且跟隨他們的思緒前行。你不僅人跟他們在一起，還沉浸在他們的情緒中。

你：超市裡的那個女人訓斥你的孩子時，你有什麼樣的感受？你本來是打算怎麼回應？

沉默。在通常情況下，對話出現空檔時，適當的沉默要比沒意義的廢話要來得有意義。沉默能讓參與對話的每一個人，擁有一小段冷靜跟思索的時間。沉默還可以幫助緩解因激烈言語或闖進了死胡同的對話而造成的緊繃情緒。

他們：我就是在那個時候決定跳傘不是我要的，尤其我不想把這件事當成一份工作。

你：（沉默）

不要說教、提出多嘴建言、隨口安慰。沒有人喜歡自己低人一等，而在對話中，這樣的態度會讓說話者想要中止進一步的討論。

他們：最糟糕的是，他不記得要把馬桶座放下去。

說教的你：你一開始就不應該讓他進你的浴室。

提出多嘴建言的你：你應該在浴室門口設置阻礙，除非他同意你的條件才能使用。

隨口安慰的你：別擔心啦！明天又會是充滿無限可能的美好一天。

提出具引導性的開放式問題。為了表現出對另一方的關懷，針對他們的人生經驗，你不能只是問是非題，而是要提出一些能讓對方詳述的問題。這些問題會顯示出你已經準備好要知道更多，以及除了特定情況的資訊及事實之外，你還有興趣想了解更多。

他們：所以呢，在花了兩百美金以後，我決定我們或許該多練練路邊停車。

你：這件事情讓你有什麼感受？你有什麼學習計畫嗎？你打算去哪裡學？你對這件事情有什麼期許？

主動聆聽需要極大的耐心跟練習，就連熟悉此道的人都覺得這件事情很不容易。但主動聆聽有其好處：能創造出真心理解的氛圍、加速資訊流動，並讓所有成員之間彼此尊重。儘管要按部就班，但我們想要透過主動聆聽做到的是，習慣性地去意識到他人的情緒，同時抑制自己的情緒。其最終形式為同理回饋。

練習主動聆聽的技巧

- ☑ 反映情緒
- ☑ 廣納
- ☑ 標記情緒
- ☑ 總結
- ☑ 沉默
- ☑ 探問
- ☑ 提出具引導性的開放式問題
- ☑ 不要說教

▶ 同理回饋

對話裡的同理心，來自於**察覺到對方的觀點**——並且表現出來。在你聆聽及參與對話的時候，要在心裡持續自問，對方說了些什麼、怎麼說的，以及為什麼要那麼說。如果有些地方聽起來不合理或不合邏輯，那不是因為對方不理性或缺乏邏輯——而是你沒有跟上對方的思維，漏掉了一些東西。關於這方面的能力，有些人生來就是比較好，但你可以透過說出如下的句子來練習：

「有道理。」

「嗯嗯，可以請你針對某某事多談一些嗎？你在說到○○○的時候，是什麼意思呢？」

「情況似乎是這樣那樣。我的理解正確嗎？」

「嗯嗯。我懂。」

「請繼續。」

「所以你是覺得（插入目前的揣測）？」

「我對（他們稍早提過的某件事）眞的很好奇……」

「哇喔。幹得好！」

「所以你爲什麼要這樣那樣？」

「後來發生了什麼事？」

「所以，你是指（快速總結對方剛剛説過的話）嗎？」

但是請注意，你的主動聆聽技巧可能會被對話自戀症患者徹底濫用，而他們只需要一丁點的鼓勵就能做到這件事。遇到這種情況時，請坐下，盡可能地聆聽，如果逮著機會就趕緊下台一鞠躬——面對這種下定決心要掌控説話權的人，你表現得再合作也「贏」不了。保持微笑，練習同理聆聽技能——一旦遇到一名更友善的聊天對象，你就會很慶幸自己做過練習！

請回想早先的那段對話，但這次搭配的是一名差勁的聆聽者。

「我已經有好幾次想跟他聊那件事了，但坦白說，他好像有點聽不懂，妳明白我的意思嗎？」

（沉默）

「唉，我不知道。我覺得自己或許不該抱怨這些事情。」

（對方瞄了一眼手機畫面，一臉毫無興致地點點頭。）

「總之，我在想，自己的事情也說得差不多了。妳跟麥克還好嗎？」

（忽然生氣勃勃）「好啊，我們很好。前幾天我們去聽了一場超讚的音樂會，我跟你說過這件事嗎？所以呢，當時的情況是……（叨叨絮絮）。」

後來，最初的說話者只能勉強「見縫插針」，換來的卻只有不耐煩的哼聲，以及一場長達一小時的演說，談的全是市內不同的音樂會。

原本一場相當親密、能聯繫彼此情誼、對雙方都極為有益的談話，就這樣變成了各自的獨白，唯有受邀登台了才能訴說自己的故事。如果你曾經發現某人很無趣，說不定事實上他們是覺得很無聊——因為你跟你的長舌，對方沒有辦法表現出對你的好奇或興趣。

▶聆聽就像一面鏡子

在思考如何精進自己的對話能力時，請記住這一點。**試著想想為什麼有些對話讓你覺得受到忽略、誤解，或沒有得到真誠的聆聽**——對方是抱持著怎麼樣的態度呢？在這時，我們或許可以好好利用自己的「自戀」。**要成為一名優秀的聆聽者，我們得要讓對方有機會開口、被聆聽、陳述自己的故事**——而這些事情，其實也就是我們意圖插嘴或主導對話時，自己想要做的！

不妨把這種行為想成在回饋對方——與其說是在吸收他們的故事，不如說是把故事再拋回去給說話者，就像我們先前提到的打網球一樣。在跟幼小的孩子互動時，你可能也經歷過類似的體驗。在寶寶還非常小的時候，他們得要學習自己是誰、自己的感受，以及他們的經歷帶有什麼意涵。

一名母親可能會看著在哭泣的孩子，模仿他皺眉的表情，說：「唷，你因為這樣不開心是不是？」」透過這麼做，她基本上就是在教導孩子，他現在經歷的情緒叫做「不開心」，縱使他不是很懂，還是能看到她臉上的表情，並開始理解自己的經歷。

換句話來說，**同理回饋能夠幫助人們更深入地理解自身的經歷**。這就是為什麼，在生活中的許多層面，獲得「見證」有多麼重要，也是為什麼我們有時會需要聽眾，也解釋了我們需要他人關注的原因——在心靈的深處，這證實了我們的感受，而在甚至更深的地方，這證實了我們的存在。

在發展的過程中，由於這種回饋過程的忽然中斷，因此被認為是在後續生命中，人之所以會自戀的原因之一——一個人可能永遠都在尋求外界的認同，無法將他人視為獨立存在的個體，而只是用來確認自我價值的工具（就像一面鏡子！），或是一場大型演出中的配角，而他們才是主角，也可能是唯一存在的角色。

深入挖掘之後，**我們就會發現對話不僅僅是資訊的交流，而是可以表達出許多重要的事情，包括我們是誰以及想成為什麼樣的人、我們是如何需要被他人看見跟認可，甚至我們是如何需要他人來幫助我們定義自我及自身經歷——透過聆聽。**

你有沒有曾經感受過，**在真心對著某人敞開心扉之後，能幫助你更理解自己的處境呢？**試著在下一次遇到你真心願意聆聽的對象時，給予他們相同的感受吧。採取這樣的心態：「我明白。你正在說的話跟你此刻的感受都很重要，你也很重要。」有多少人渴求得到這種關注及認可，而我們卻又多吝於給予這樣的美好，不覺得很諷刺嗎？

從這樣的基本態度出發，要跟一個人真誠來往就會容易許多，而不會只是學習一整套的技巧跟語句，滿心期待實際演練後能激發你由內而外地成為一名更優秀的聆聽者。想要訓練自己，讓自戀心徹底從對話中抽離，可能是一場不容易的挑戰。

請試著把一整天的時間，都專注用來聆聽他人說話。讓自己成為一名對人類的心理狀態充滿好奇的熱情研究員。用最溫暖、最著迷的心態，去關注那些跟你交流的人。出乎意料的，你可能會發現，相較於那些刻意想要讓別人對你留下深刻印象的舉動，這麼做的你反而更受歡迎！

另一種方法是，**想像你跟對方都不是關鍵人物，對話本身才是至關重要。**將對話雙方都視為助產士，齊心協力幫助生出一個更清晰又容易理解的想法、一種新的思維，或是一段煥然一新的融洽關係。聆聽對方所說的話，把這樣的話語再傳遞回去，記得額外加入一些想法跟好奇，來表示你很重視裡面的一字一句。鼓勵對方跟你一起著手，進行這個建構對話的美妙過程。

▶ 向說話者表明你們是同一國的

你可以用許多種方式，來為這場對話增添血肉。試著推斷——在已經說出口的話語上延伸，詢問後續發展，或隨著故事的可能推演得出一個合理的結論：

「唉，我已經受夠教書了，而我當然也不想回去做原本的工作……」

「你的意思是，你打算去做一份性質截然不同的工作？」

你也可以利用融合的方式來增補——深思熟慮地將不同的想法融為一體。這個做法的概念是，整體將大於部分的總合——也就是說，你正在拼湊一個更有價值的全貌，而非只是將之視為碎裂的許多部分。想要做到這一點，有一個不錯的方法就是放棄非此即彼的想法，而是去想「這個加上那個」：

「唉，一方面我媽叫我這樣做，另一方面我朋友卻要我那樣做，我完全不知道該聽誰的！」

「你有沒有想過，其實可以兩邊都不用聽？」

同理回饋也同時是跟某人建立情感連結的原因與結果。透過使用同樣的字詞、想像、語氣，你向說話者表明自己跟他們是「同一國」，並且想要在你們兩者之間建立一座橋梁。

「說眞的，這堂課超爛的。」

（一名青少年學生對著她的成年人老師說）

「是喔？怎麼個爛法？」

相較於說「如果對這堂課有不滿意的地方，或許妳應該直接去找校長討論」，使用同樣的語言，能夠創造出更為融洽的關係。用正式而僵硬的方式，去回應輕鬆的語氣，只會凸顯雙方的距離，並且不太可能在這場對話中製造出任何具有共同目標的感覺！

當然，同理回饋不一定非得是口頭的。假設有這麼一個人，他用緩慢而憂鬱的口吻，在跟你訴說自己悲傷的故事。那麼他對你的期望，泰半是你能用相仿的語調去回應，而不是吵吵鬧鬧又興高采烈。此外，肢體語言跟臉部神情一樣，也會做出多種表達。**在跟某人說話時，只要採取跟對方類似的姿態，就能傳達出許多訊息。**如果他們傾身過來，你也要朝他們稍微傾傾身子，來表現出非言語的認同。如果他們在講述故事的特定段落時露出了微笑，那麼跟著他們一起微笑，就相當於用嘴巴在說「我懂」，表示你理解也有同感。

▶ 如果回饋產生偏差

有些人可能甚至會考慮**稍微改變語調或口音**，以凸顯出雙方的共同點（或者用來強調自己有多特別，如果這是你想要做的事情的話！）。你有沒有注意過兩個來自同樣國家的人在聊天時，有時候會過度強調他們族群的語言腔調？他們這麼做，是在無意識地跟另一方表示：「我跟你一樣。我們是朋友，我們的想法相同。」但是也要留意，如果某人在異國待了幾十年，但仍堅決使用當地的方言（「那玩意兒是叫土豆，不是馬鈴薯！」），這背後肯定有什麼值得探討的原因。

在跟一個小孩說話時，一名女性可能會自然而然地把句子簡化，並且提高音調；但在公司裡跟年長男性說話時，她卻會用到許多格局較大、更能讓人留下深刻印象的字彙，同時也會談得更深入。在面對沒有醫學背景的患者時，醫生可能會選擇用拉丁語來形容一種常見的疾病，藉此凸顯出自己更聰明也更重要。到頭來，在對話中同理對方所要付出的努力，遠比人們想像的要困難。

然而，縱使考量到這一切，值得記住的是，同理回饋有時不是最好的做法，也有可能會出錯。如果回饋有了偏差，你反而可能意外地展現出自己沒有好好聆聽，從而產生不幸的後果。至於挽救的方式，通常都是誠摯地請對方提供更多的資訊，或是一句道歉，不過最好的辦法就是**按部就班慢慢來**，**避免提出牽涉範圍過廣的詮釋**。沒有人喜歡被人分析的感覺，也不喜歡他人武斷地揣測自己的想法。

另一個風險是「**過早暴露**」，也就是提及對方不願意討論或還沒準備好探索的事情——不論對象是你或可能是任何人。在本章節開頭的對話中，一名心思敏銳的聆聽者可能會說：「我在想，妳有沒有考慮過這段關係是不是不適合妳？」從某個角度來講，這個論點可能「沒錯」，但有點太直接、太露骨了，可能不符合說話者原先的預期。如果發生了這種事，最好謙恭有禮地把這句話收回去。換個聊天話題，或者利用一點幽默感，來優雅地離開那個敏感話題。

「**情感遺棄**」是另一件要注意的事情。假設你說出了上面那句話，而對方信任你，就接著說下去。他們可能更敞開了，分享了更多細節，讓自己變得更脆弱。如果你邊點頭邊聆聽，然後說你想去拿杯咖啡，之後唐突地改變了話題，他們可能會覺得遭到了遺棄，彷彿你將他們引入一池深水，後來就這麼把覺得暴露無遺的他們留在裡面。心理學家會刺激個案，讓他們進入痛苦不堪的地步，接著開開心心地說本日療程到此結束，然後快速地把臉上還掛著淚痕的人送出房間——這就叫情感遺棄！

最後，我們都應該記住，要成為一名優秀的聆聽者，並不代表就可以裝腔作勢，以及過度分析對方心理或意圖，把宏大的理論或解釋強加到對方身上，完全罔顧他們的感受。**不要去讀心，不要去假設，不要把自己的故事投射到對方身上**——這不像同理，倒像侵略。

在聆聽時，你要做的是陪著他們找出自己的結論，而非假定自己是全知的智者，能夠讓他們看見什麼東西。給出幾種情緒的名稱，或是溫柔地提出可能的關聯或解讀，但切記保持友善。千萬不要說出例如：「妳就是這樣。妳偏好某種類型，妳老是追著這類型的男人跑，因為妳的戀父情結，對吧？我猜妳現在肯定氣炸了。」而是要說：「天啊，我完全沒辦法想像妳的感受。不過，對於這一切，妳自己有什麼看法？」

世界上最差勁的聊天者，就是那些自以為聆聽能力高超的人，他們會無意識地利用「同理心」來主導對話，藉此間接滿足自身的自戀。千萬不要掉進這種陷阱！

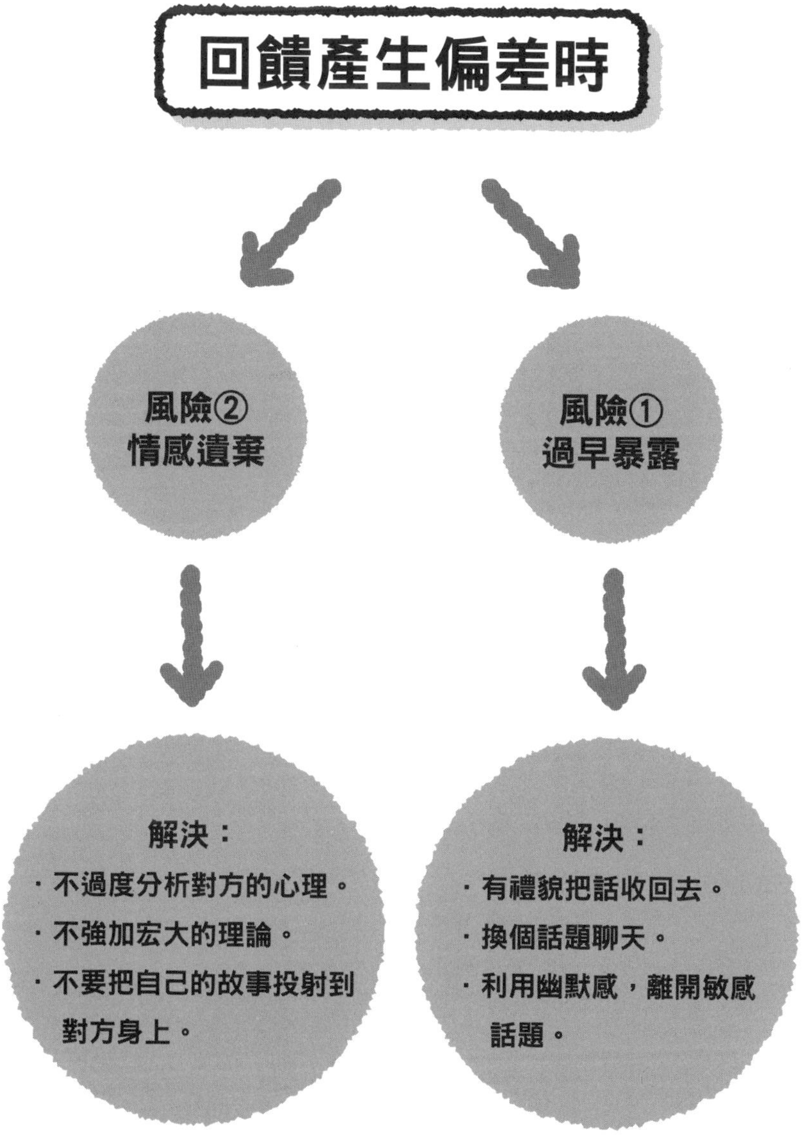
回饋產生偏差時
風險②
情感遺棄
風險①
過早暴露
解決：
・不過度分析對方的心理。
・不強加宏大的理論。
・不要把自己的故事投射到對方身上。
解決：
・有禮貌把話收回去。
・換個話題聊天。
・利用幽默感，離開敏感話題。

第3堂課重點整理：

- 事實上，聆聽並不是被動的。話說回來，的確可能是被動的，不過這只表示你做得不夠好。沒錯，深度聆聽可說是非常主動，會讓你累到筋疲力盡！很意外嗎？這是因為真正的深度聆聽的目的，是要陪著對方一起前往未知之境，而這個過程包括了梳理並找出明確的方向。這件事情需要大量的理解、解開諸多微小的謎團，以及闡述、說明。有點像是心理師在幫助個案揭露各種情緒及狀況。
- 為了這個目的，我們提出了主動聆聽的概念。即站在接收者的角度去參與一場對話。多數人可能會以為，接收者意味著只能安安靜靜地坐著，大錯特錯。我們提到了九種主動聆聽式的回答，可以在想要跟某人建立深度連結時使用：理解、廣納、回應、重述、反映情緒、總結、標記情緒、用具引導性的問題去探問，以及沉默。主動聆聽的下一個階段，可以稱為同理回饋，也就是聆聽者把注意力放在對方的情緒上，進而試圖預期說話者的感受，同時自己也感同身受。

第4堂課

看見你，聆聽你

你要信任對方，相信對方，支持對方，
尤其是在他們陷入低潮的時候。

明明展現正面情緒，卻更凸顯負面情緒

在經歷了溝通風格、使用特定字詞等過程後，我們來到了更深處，或許是任何交流的最深層功能——被另一個人看見、聽見、理解、認可，而我們也對等以待。不帶批判地聆聽，不會試圖去「指正」任何地方或竄改對方的感受，也不急於表達自己的感受——這一切都源於同理心。

真正的同理心能淡化衝突，促進更深層的親密關係。所謂「非暴力溝通」的基本原則，是努力去理解一個人的真實情緒，而非去否認、改變、評斷、讚揚、解釋，或承擔相對應的責任。然而，儘管聽起來很神奇，這確實需要練習。請思考以下對話。

「我眞的好想她。我知道自己應該要走出來了，但我猜她過世之後，那份情緒不知怎的還是保留了下來，我只覺得自己到現在都還在處理……」

「聽起來很艱辛。」

「是啊。我不知道。有些日子還行，但老實說，我還是沒辦法適應。」

「嗯，還記得我媽走了以後，接下來的那年根本就是一團亂。但回顧那段日子，其實也是件好事，從某個角度來看啦，你懂嗎？」

「好事？」

「經歷了那一切之後，我學到了很多關於自己的事情。」

「或許吧。」

「你應該來跟我一起練跆拳道，我發現做點運動很有幫助，讓身體動起來！」

「可能吧……老實說，我已經悶悶不樂好一陣子了。」

「嘿……振作起來啊。我知道你的感受。會讓你想起那些美好時光，對吧？你做得很好，你很棒，經歷了這麼多事情，還是努力不灰心喪志。我也不知道吔，有時生命會有它自己運作的方式……」

雖然對話結束之後，雙方可能都會覺得聆聽者很有同理心，盡最大的努力想要幫忙，但說話者或許從頭到尾都沒有覺得對方是真心在聆聽。在關心某個人的時候，對方其實可以感受到我們是否在聆聽，並且接納他們的「負面」情緒；而我們甚至可能不會留意到自己正在企圖修正、解決、解釋。即便出發點是好的，卻無意識地表示：你不應該有這種感受。

上述的聆聽者提出建言，試著利用未經大腦的建議來鼓舞說話者，彷彿他們站在距離說話者很遠的地方，不願意真正地接納或站得太近。諷刺的是，對正面情緒的強烈關注，只會更凸顯出負面情緒——而在這場談話之後，說話者可能會感受到比先前更嚴重的哀傷與孤寂。

用心聆聽，聽見字裡行間的情緒

要明智地善用同理心，請試著**在聆聽時不要妄加評判**——說起來容易，做起來困難。不要去解讀或解釋，不要去推理或證明。不要認為讓對方振作起來是自己的責任，不要責備，不要感到內疚。你可能會問：好吧，那我還能做什麼？很簡單：只要聆聽，並且接受對方所說的話。

真心去對說出來的話語保持好奇心、讓自我意識暫時抽離現場，只要聆聽被說出來的字句，不要急著結束對話。讓心思留在此時此刻，試著去理解說話者的情緒源流。如果有什麼事情需要處理的，時機遲早會自己來臨，但我們通常都會想讓過程能快一些，而這就會導致自己聆聽不到對方的情緒。

不要一直去想那些字句中所涵蓋的現實情況或是否符合邏輯，而是**用「心」去聆聽，聽見字裡行間的情緒**。說話者有著什麼樣的感受？他們有什麼渴望、恐懼、需求？徹底忘卻誰是對的、誰又該被究責。跟著他們一起「陷進去」，陪在他們身旁。你不需要困在他們的情緒裡，但你的確可以嘗試暫時從他們的角度去看待這一切。真正地理解賦予人的美好感受，遠勝於獲得建議或解決問題——這些回應往往沒有抓到重點。

要成為一名具有同理心的溝通者，就要讓自己在情感上成熟，能夠自在地處於各種情緒中，無論是正面或負面。這個能力在於讓自己能夠柔軟地去感受，而非逃離情緒，不惜一切代價抓住解方或逃避不適。事實上，你愈能夠忍受情緒的不適，不急於解決或否認它，就愈能讓對方也做到這件事情。

在悲傷之時，人們有時會說，如果對方在面對他們的悲傷時，其反應為尷尬或迴避，只會讓他們的悲傷加倍。在那當下，他們真正想要的，是對方誠摯而無畏地讓他們看見自身的悲傷。他們希望有人能說：「那真的很痛苦。我明白那種痛苦」，同時陪在他們身旁，讓他們知道自己不是孤單一人。

你可以養成一個好習慣，那就是避免用自己的標準去評斷他人所說的話，因為這顯示出你悄悄地在心底為這件事情定奪。你可能會認定對方反應過度或反應不足，或者做出了你不會有的反應。你可能會開始思考，在這個故事中，誰是好人、誰是壞人，或者偷偷地質疑對方所說的話的真實性。

你可能會化身為科學家或調查人員，試圖解開謎團、找出真凶，或者決定誰對誰錯以及事情的起因，或者遺漏了哪些事實。或者你可能會扮演護士或母親，並決定那些負面感覺不應存在，而你的工作就是要療癒這個人、讓他們開心，或者斥責他們讓你不開心……

但這些事情都不重要——因為那都是你而非他們的想法。此時此刻，你對這件事情的看法並不重要。停止你所有的成見、想法、信念，讓自己沉浸在他們的世界中。現在，成為他們的感覺如何？不要只是試著去把自己放在他們的位置——而是去想像他們在那個位置上的感受。

▶ 按照說話者的步調

另一個好方法是，給對方足夠的時間去說話跟表達，不要急匆匆地對話，意圖得到結論或總結。即便只是稍有此意，也會讓對方覺得聆聽者想要趕快結束對話，並且徹底抹消一個人的感受。如果有人跟你分享他們的情緒，而你的回應只是做個簡單的總結，其實你是在跟他們說，自己不打算再聽下去了，你只希望他們不要繼續有此刻的感受，趕快去做點別的事情。

與他人對話時，不要想著超前一步，或者試圖插入解讀、結論或解方，要讓說話者用自己的步調前進。這會讓對方覺得你是真心在乎他們。把決定語氣跟步調的權力留給說話者，然後運用同理心去配合他們。如果你提出了開放性的問題，或只是重述了他們的話，或表現出支持的態度，對方會覺得你是在聆聽；而封閉性的問題，則會讓他們覺得，你只是想推拉說話者順著某條既定的思路，而不是讓他們表達出自己的感受。

你可能永遠也不會意識到，自己用來跟他人巧妙交流的所有方法，事實上會讓對方覺得自己的情緒經驗沒有得到重視，也感受不到你真心誠意的聆聽，縱使你真的很努力想要當一名優秀的聆聽者。有時候，我們甚至不會意識到自己進入一場對話時，其實帶著既定的思維：對話的走向應該如何發展、對方應該說些什麼話，以及為了他們，我們應該扮演什麼樣的角色。有些人真心以為自己是「優秀聆聽者」，你八成也遇過他們，但當時的實際感覺卻是經驗遭到了他們扭曲。

所謂的優秀聆聽者，首要之務是敞開而接納，並且不害怕完全接受另一個人的現實，陪著對方一起進入他們的情緒中，無論那情緒正面與否，而且自我意識也不會涉入其中。仔細想想，在當今世界，這樣的現象是如此罕見，以至於如果你能夠在某人脆弱的片刻，成功展現出優秀聆聽者的面貌，那麼你很有可能贏得他們永遠的信任，並且大幅強化你們之間的關係。

每當心有疑惑，請去回想你曾經想要跟他人暢談及分享自己的情緒世界的所有那些時刻。在那當下，你會想要聽他們用大眾心理學的角度來解讀你的情緒嗎？你會想要聽他們說你做錯了，應該要如何修正嗎？你會想要他們大吃一驚、覺得尷尬，進而使你覺得自己害他們不舒服，而心有愧疚嗎？你會想要他們對你的故事進行「事實查核」，或者指出你反應過度，抑或沒有站在你的立場嗎？或者你會因為他們單純地對你說：「嘿，不論發生過什麼事，我在這裡，我支持你。你可以再多說一點。」而滿懷感激呢？

▶ 深度聆聽的延伸——認可行為

就像前面一樣，雖然我們提到同理心、不評斷，以及純粹將發言權讓渡給他人，但這並非是一個完全被動的行為。

一如主動聆聽，讓人們感受到有人在聆聽的過程，也分成幾個不同的階段。所謂的認可行為，即是用口頭的方式，去肯定與接納溝通對象的各種情緒與觀點。就我們的目的而言，它正是深度聆聽的延伸，能夠同時關照我們面前的對話及對話核心。

一般的聆聽只會關注有意識的對話，可是無論何時何地，只要對方張嘴說話，認可行為就能夠滿足情緒的需求（對話核心）。

乍看之下，認可行為似乎是一個相當簡單的概念，只要在人們有需要的時候點頭跟說對就可以了（甚至跟主動聆聽也差不多），但縱使聽起來相對簡單，認可行為也有對錯之分。

認可行為是一種更強大的交流方式，因為它能建立兩個人之間的尊重，無論他們是老朋友或陌生人。封閉某人的情緒——就算我們厭惡他們——將重重地關閉溝通管道，隔離雙方交流，使兩者之間的關係陷入危機。

另一方面，**真正的認可行為，能夠幫助溝通過程中的每一個人都得償所願。**接受者得以證實對自身的理解，而給予者也能豐富自身的器量，增進自我價值。一旦**仁慈**、**信任**、**渴望傾訴**等三個元素都發揮作用時，溝通鮮少會出現問題。

小小的認可，心靈大大的擁抱

美國羅徹斯特大學（University of Rochester）在二〇一〇年的一篇研究報告總結中，強調了認可行為對人際關係成功與否的正面及微妙影響。這不僅僅只是一種關注他人或尊重他人意願的方式。上述情況只是它最基本的好處，**真正的認可行為，能夠深深地影響關係，讓人們感受到被擁抱及傾聽**。

在一項研究中，一些被選中的受試者獲得了指示，要集中精神去回想過去三年以來，他們有過的最美好體驗。接著，他們會一一被分配給另一個人，並被鼓勵跟對方提到那次的美好體驗。他們不知道的是，對方並非受試者（研究人員稱他們為「共犯」），而是某個受過訓練，負責要針對他們的經驗給予正面回應的人。

其他受試者也會搭配一些共犯，這些共犯會假裝自己也是這場研究的受試者。只不過，這裡的受試者並不是講述自身的正向體驗，而是參與了一場跟畫畫有關的「有趣」活動。

在第三次實驗之後，受試者的回饋呈現了有趣的分歧。那些參與有趣活動的受試者表示，他們很喜歡自己的夥伴，很享受跟他們相處的時光，其喜愛程度超過了說話組。但那些討論了自身的體驗，並且獲得支持型回應的受試者表示，他們對另一方的相信程度更高，他們也更願意對那些共犯侃侃而談自己的想法與感受。

這些認可行為，甚至讓受試者對該體驗的正向感受，變得更為強烈。他們對日常生活中的基本結構感到更加放心，並因而做出了大量的善舉。超越了原先的體驗，他們感受到更深一層的滿足與價值——這一切，都源於一個並不困難的認可行為。

重要的是，請注意，這些受試者所提到的正向體驗，並非全部都是世間普遍認可的那種生命重要里程碑的等級——會對生命帶來改變的正向體驗包括畢業、結婚，抑或子女出生。這些人的正向體驗多半只是一些單純的快樂回憶或良好互動，是那種每天都會發生的事情。但這些小型事件獲得認可所帶來的影響並不亞於重要體驗，甚至尤有甚之。聽見關於這些體驗的支持型回應，能夠促成信任與自信的滋長，更遑論後續的仁慈舉措。

▶ 面對情緒的兩個步驟

任何口頭的互動寫在紙上看起來都很簡單，實際操作有時卻會出錯。認可行為也一樣：有些部分一定要存在，才能讓別人感受得到。如果某人在傾訴或表達了某種即刻的情緒，他們都希望該情緒能夠獲得對話另一方的消化與接受。但人們並非每次都能做到。

要斷定是一個成功的認可行為，包含了兩個主要的部分。

辨識情緒。認出自身的情緒，對個人心理健康來說至關重要，而如果能夠認出他人的情緒，則能大大促進我們的人際關係跟社會健康。能夠解讀對方的情緒並說出口——趕在他們被迫說出「我很生氣」或「我很難過」之前——會開啟一扇通往正向認可的門窗。這表示我們很專注地跟他們溝通，把話聽進心裡，而非只是當成耳邊一陣風。

接納情緒。在辨識出對方的感受之後，下一個步驟，就是要宣布該情緒反應的存在合情合理（或者至少是十分可以諒解的）：「當然，如果我是你，也會有同樣的感覺！」這能建立共同感，表示任何有理性的人，處在同樣的情況下，都會有相同的感受。這麼做能傳遞出一種訊息：你對他們的情緒感同身受，並強調他們的感受與思維乃理所當然。

接納對方的情緒，遠比立刻提議該如何因應，來得重要許多。在聽到應該採取哪些修正方式之前，他們首先想要感受到你對他們的困境表示同情。

如果不先認可他們的情緒，那麼即使是善意或準確的建議，也會像是在暗示說話者做錯了什麼；或者他們之所以會感受到目前的情緒，主要都是自己的錯。在提供建議之前，我們需要先同理他們的情緒。這將使得後續要討論解決方案時容易許多，也會讓他們覺得更受到支持。在通常情況下，人們在交流時真正需要的是認可，而非建言。

這件事情讓我們知道，情感的支持，遠比列一張清單，寫出要做哪些事情處理困境或感受，來得重要許多；確實，讓情緒變得好過，遠比知道該如何應對更重要。

在實際溝通中，這兩個步驟是如何運作的呢？我們先來想像一個失敗的案例：

甲：「眞不敢相信！老闆要我做一件事，害我被罵得狗血淋頭！我知道那個主意很爛，也有反對，他們還是要我去做，情況變得人仰馬翻，老闆現在卻要我週末來加班，讓一切回到原樣！」

乙：「早在你去工作之前，我就跟你說過那邊是個爛地方。毫不意外的，事情發生啦。」

甲：「靠，謝謝你讓我覺得更糟了。」

乙：「想進入殯葬業任職的人可不是我。別看我。你幹麼不換工作算了？」

乙的回應哪裡不對？幾乎全錯。甲對自認不公平的情況感到難過。他之所以難過，是因為意見沒有獲得公司的認真看待，事情出錯以後卻又受到責難。乙基本上也是在做同樣的事情。他提醒甲：「我就跟你說吧」，乙也沒有認真看待他的感受。乙批評甲一開始就做了錯誤決定，並且暗示他不應該覺得難過，因為本質上來說，甲是自作自受。

這樣交流才對：

甲：「眞不敢相信！老闆要我做一件事，害我被罵得狗血淋頭！我知道那個主意很爛，也有反對，他們還是要我去做，情況變得人仰馬翻，我老闆現在卻要我週末來加班，讓一切回到原樣！」

乙：「他們眞的做了這種事嗎？天啊！太可惡了！要是我也會暴走。」

甲：「我就覺得，待在那個地方，完全沒辦法掌控任何事情。」

乙：「你一定很難過。任何人遇到這種情況一定都會有同樣的感受，更何況你還是在殯葬業。」

你的感受會加強溝通品質

在這次的交流中，乙在認可甲的經驗部分，處理得好多了。他辨識出甲的情緒感受，稱其為憤怒（「太可惡了！」）。接下來，他認同這樣的情緒是正確的，或是可以理解的，任何人遇到這種情況，都會有同樣的感受（要是我也會暴走）。然後，乙重複了上一句的做法：甲感覺「很難過」，而任何人在這種狀況下都會有一樣的感受跟行為。

請注意，在第二個交流中，乙並沒有試圖解決問題，甚至沒有刻意地想要讓甲的心情好轉。在那當下，甲需要感受到憤怒；這個情緒很合理。如果乙試圖強迫對方接受一個解方，或者提出其他的建言或建議，就會打斷甲的情緒感受。那就等同於想要阻止甲去感受他完全有理由感受到的情緒。

更重要的是，甲感受到對方的認可，感受到對方的理解跟同理。這種感受加強了他們的溝通品質。如果乙後來可以提供有效的幫助或找到解決辦法，那很好。但是，如果沒有先認可對方的情緒，這樣的努力就沒有多大的意義。就算你知道一定要怎麼做，並且認為某人是個白痴，才會做出適得其反的行為，也要這樣去思考：除非聽見自己說出口，否則他們沒有辦法理解。所以你必須遷就他們，一定程度上配合演出這場戲，來順利地認可並且引導他們獲得情緒上的支持，或甚至找到解方。

安慰有時是否認對方的情緒

在上述的第一個例子中，乙的反應很不恰當，因為他阻撓了甲的合理情緒。不論出於什麼原因，乙都不想要把時間花在甲身上——他壓根兒就不想跟甲打交道。因此乙那無禮、粗魯、刻薄的回應，讓情況變得更糟了。

但並非所有類似的回應都是不好的——毫無疑問地，一個人也可能明明帶著良善的意圖，卻否認了對方的感受。我們在某人情緒波動之時，說出的一些無害回應，實際上可能會在自己沒有意識到發生了什麼事的情況下，傷害到對方。這就是多數人自以為認可對方時，實際做出來的事；我們其實是讓情況惡化。

舉例來說，某人遇到了令他們緊張或擔心的情況時，為了安撫他們，有人可能會這麼說：「別擔心」或「你不應該有那種感受」。他們可能帶著安慰的語氣，想要讓對方覺得好過一些。他們的本意是好的。

但這種回應其實是否認對方的情緒。他們正在擔心當下的處境；他們已經有那種感受了。告訴對方他們沒有用最好的方式去處理，就是否定他們感受自身情緒的權利。就算你說那話是出於善意，對方接收到的，卻是自己理當擁有的正常情緒，受到了否認。聽見這句話毫無幫助，這就好像在對著某人說：「喂，你該長大了。」

能夠有效認可對方情緒的另一個回應，或許是「我可以明白你對現況的擔憂」。這個回應是認同對方的擔憂其來有自，而且合乎常理。請記住，你的目標是辨識出情緒，進而接納——僅此而已。

另一個既否認對方情緒又沒幫助的回應是「你有這種感受，我也很難過」。你可能會以為「我也很難過」這種句子顯示出同理心。某個角度來說是沒錯。但這句話也可以被解讀成空泛的感傷。如果有人失業、被掃地出門、罹患一種會使身體衰弱的疾病，或者遭逢了某種可怕的傷害或命運，只說「我很難過」是不夠的。如果某人正在經歷情緒動盪——那正是他們「當下的感受」——而你說我很難過，你其實同時也在表示他們應該要有其他的感受才對，但他們卻沒有。他們是不是應該要有某種感受根本不重要，因為他們沒辦法去改變已經感受到的情緒。

更好的回應，讓結果更開闊

比較帶有認可意味的說法是：「我明白為什麼你會有這種感受——每個人都會有同樣的感受。」解釋說他們有權感到不安，有這種感覺是正常的，能夠幫助他們緩解緊張情緒，並且跟這整個世界產生連結：他們的感覺是人之常情，他們並不寂寞。就算你認為自己不會有相同的感受，重要的是確認其他人會有。（此外，你可能不確定自己遇到這種情況會有什麼感受——你八成還沒遇過。）

同樣地，諸如「至少沒有像……」或「可能會更糟」等回應，是在暗示對方的擔憂不合邏輯或缺乏根據。情緒向來不合邏輯，但它們完全貨真價實。問題的確可能會更糟，但在某人的主觀現實中並沒有。與更糟糕的情況客觀性地比較，會讓處於擔心狀況的人「更陷入自己的處境」，縱使說話者的意圖是想讓對方暫時好過一些。但這些乍看友好的字句，其實只是將對方邊緣化。只有感受到該情緒的人，才有資格判斷自己的情況是會或不會變得更糟。

在這樣的情況下，一個適當的認可回應，能夠讓聆聽者覺得對方認真看待他們的處境：「你真的經歷了很多」或「再多跟我說一些你現在的感受」。這些回應認可了對方的處境有多沉重，讓他們清楚地知道你願意認真看待他們的擔憂，也不想把他們的感受壓縮到最低。

徹底的拒絕不僅否認對方的情緒，更是直截了當的責備：「我不要再跟你說了！」這不單是種直接切斷交流的否認，更進一步表示對方的擔憂毫無意義。回應者的這句話一說出口，就等同於對兩者間的交流施加了限制——顯然他們有些話題不願意再跟你討論，而真正的朋友或伴侶之間不會有這種不可觸碰的話題。

更好的回應方法是「你需要一些幫忙來解決這個問題嗎？」或者（同樣地）「再多跟我說一些你現在的感受。」這些說法能夠讓對方感覺他們擁有，或許不是一個完美的解決辦法，至少是一條通往更好結果的開闊道路。

如果這聽起來就像我建議你，**在面對他人的感受時要小心翼翼，卻反而會讓你說**

出不該說的話，那就先別這麼做。就算你讀完整本書，還是有可能做出錯誤回應。坦白說，我也會，因為你跟我都有一顆善良的心，而我們都是人類，都會犯錯。但請留意，在說完那些否認他人情緒的字句後，要盡可能馬上說出一句認可對方情緒的話。請記住，你正在試著跟對方建立連結，並且允許雙方自在地溝通。這麼想，會讓你更容易把思緒轉回來，進而認可對方的情緒。

▶ 認可的六個步驟

對我們這些喜歡把事情拆成好幾個步驟的人來說，去學習凱特・蒂妲（Kate Thieda）提出的認可六步驟，或許是個明智的出發點。如果你的朋友或愛人處於脆弱的狀態，並且想要找人聊聊，你應該要透過以下的步驟跟順序，來有效地聆聽他們要說的話，並且好好跟他們溝通。

1 在場。首先，你人要在現場。這是最簡單但也最棘手的一步。這並非表示你只要人在一旁，並且跟對方保持眼神交流。在場其實更接近兩個更小的步驟：把注意力全神貫注地放在對方身上，然後包容並理解他們正在處理一些重大的情緒。

第一個部分是身體的：這意味著你要清除掉所有會讓你分心的東西。關掉手機、關掉電視，把音樂的音量調到只剩下當作背景音的細微聲響（你也可以直接關掉，但所處環境中的放鬆音樂，可以讓溝通稍微順暢一些）。如果是在公共場所，那情況顯然就會更複雜——如果可以輕鬆地轉移到更安靜的地方，那就起身吧。如果不行，那就試著把視線完全集中到對方身上，藉此避免分心。如果有必要的話，也可以靠對方近一些，讓他們說話的聲音更清楚。

第二個部分意味著接受對方的強烈情緒——用比較纖細的方式。面對強烈的情緒時，我們的反應可能會過快，而倘若對方極度悲傷或生氣，我們也很有可能立刻會嚇一跳。但是，在震驚感消退後，至關重要的是，我們要馬上讓對方知道，自己願意面對此刻的他們。要做到這件事，你可以先問他們一個開放性的問題：「跟我說怎麼了」「你現在是什麼感覺」或是「你有辦法說出發生了什麼事嗎？」你也應該要注意去放鬆自己的視線跟臉部表情，好讓對方知道你願意聆聽，而且不會批判。

2準確的回饋。在聽完對方解釋發生了什麼事情以後，下一個步驟是要表示你很關心他們，想要理解他們此刻的感受。這個時候，你就要試著針對他們剛剛表達的東西，提出一個準確的回饋。回饋有許多形式，不過都是口頭的陳述，能夠反映出對方傳達的情緒、提供背景資訊，以及向他們保證你理解那些感受。「我感覺你是因為沒有得到那份工作，而覺得很失望」或是「我能感受到，你是因為必須在感恩節那天跟家人打交道，而覺得很焦慮」。

認可的話語只要一到兩句就夠了——事實上，也不要超過這個數字。只要足以讓對方知道你在聆聽、你既在乎也有興趣、你想要聽他們繼續說下去。

也試著用你自己的話來重述他們的感受，不要只是一字一句地複誦對方的話。簡單地逐字重複他們的陳述，只能證明你的短期記憶能力很強。但是，用你自己的話去重新表述，表示你正試著更深入地去理解他們。（此外，像隻鸚鵡一樣地重新說一遍他們的話，可能會讓對方誤以為你是在諷刺，就像成年人模仿哭泣的孩子那樣。）

3 判讀他們的行為，猜測他們的感受。由於各種原因，許多人跟自己的情緒脫鉤。這種脫鉤的一個重要原因，是因為自身的情緒曾在過去經歷過他人的否認。父母可能忽略了我們孩提時期的感受（舉例來說，就像上一段裡，那個模仿孩子哭泣的父母）。或者也有可能，我們先前曾經試圖讓他人看見自己真誠的情緒，而他們的反應卻讓我們受了重傷，以至於現在我們壓抑自身的情緒，並且將這些情緒隱藏起來。

這就是為什麼下一個步驟，是要透過對方的行為，去猜測他們的感受：「我猜你覺得自己被父母放棄了，因為他們對你的選擇沒有信心」或是「在我聽起來，同事讓你覺得很沮喪，因為他們沒有遵守承諾」。

重要的是，要把這句陳述視為猜測，而非堅定地宣布你的想法或是對情況的判斷。過於堅定又有自信，會讓你處於高人一等的位置，彷彿你知道如何解決他們的困境。這麼做會產生距離，有如師生關係，可能會讓對方變得不那麼樂意交談，說不定還會憎恨你。這個步驟超越了情緒回饋，因為你不是等待對方自我表達。你在這裡帶頭，並試圖引導他們決定自己的情緒。

當然，在解讀對方的情緒時，你之所以需要表示自己不過是猜想，是因為你有可能會猜錯。在這個步驟中，出錯完全沒有關係。你正在試圖揣測對方的情緒。但到頭來，對方才是感受的人，也只有他們最懂那是什麼情緒。如果你猜錯了，他們可能會出言糾正。這也完全沒有關係。給對方空間，讓他們可以安心地解釋自己的感受。如果對方知道你不過是揣測，他們就能更安心地澄清自身的情況。

4 了解他們在生活中的行為。這個步驟取決於你是否了解對方的過去及整體的狀況——如果長期以來，你跟對方一直很親近，那麼你應該相當了解他們的過往歷史。我們此刻所有的反應，都源於過去的經歷以及天性。在認可行為的這個步驟中，你透過了解過往如何形塑了他們的言行與感受，來表達出這跟他們此刻的行為之間的關聯。

舉例來說，假設你的朋友在幼年騎腳踏車的時候，被一輛汽車撞傷了。傷勢並不嚴重，但該事件自然讓他們留下了創傷。尤其事發當時，他們年紀很小，情緒容易受到影響，因此可能導致後來不敢騎腳踏車，或者不敢在交通繁忙的時候過馬路。

這是一個比較簡單的例子，當事人最後只是皮肉傷（雖然當下很驚嚇）。但是請注意，對方可能還經歷過許多嚴重又痛苦的事情。他們可能受過虐待、承受過父母早逝的痛苦、在戰時或戰鬥中親眼見過可怕的暴力行為，或是其他重大的悲劇。在這樣的情況下，你應該要小心謹慎——而你的回應要反映出這樣的關懷。「我知道你很早就失去了母親，我理解你為什麼害怕被人拋棄。」「我想，在經歷了那段受虐的關係之後，你就沒辦法再輕易地相信別人了。」

5 肯定對方的情緒反應，或表示有這樣的情緒理所當然。一旦有件事情讓我們產生了強烈的情緒，它便成了一個嶄新的特別狀況——不是我們平時會碰上的。它會讓我們產生某種日常生活裡通常不會經驗到的感受。但認可那樣的情緒很重要。雖然該情況並不日常，但對方針對該非常態情況所產生的情緒反應卻完全正常。

舉例來說，被開除可不是件小事。這種罕有的事件能帶來許多極端的壓力跟創傷。剛剛遭到開除的人，可能會對未來感到焦慮跟擔憂——而至關重要的，就是要讓他們知道，感受到焦慮跟擔憂完全合乎情理。「要是被開除，我也會對未來感到焦慮。」對方必須明白他們的反應很正常，毫無奇怪之處；他們需要知道，如果其他人遇到了同樣的情況，也會有相同的感受。

然而，在認可他們的情緒純屬正常時，重點是不要說些類似「你會沒事的」或「一切都會過去」等話語。儘管這些陳述是善意的，實際上卻會草草結束對話，從而推翻了對方的感受、否認了難以面對的情緒帶來的影響。你實際上並不知道一切是不是都會過去。就算你過往成功面對了那些情緒經驗，並不代表他們也做得到。

一個比較好的說法是「我相信你有能力度過這一切」——即便在那當下，這句話其實也算不上必要。對方的感受應該是核心，而他們必須知道自己正是對話的核心。在這一刻，對他們來說，你理解並認可他們的感受更重要。他們需要空間來完整表達自身的情緒，而不是被他人立意良善的溫柔感傷所打斷。

6百分百真誠。延續上一個步驟中的「表示有這樣的情緒理所當然」，然後再前進一些。交流結束以後，對方應該會覺得自己所經歷的情緒真實又正常，既不瘋狂也不古怪。討論過後的結果，應該是對方覺得被愛、被重視——你尊重他們、能夠平等對待他們，以及他們此刻只不過是在經歷一段異常艱難的時期。

此時或許正是表示「我相信你能度過這一切」的好時機，因為這意味著你理解對方是一個面對艱困處境的普通人。不過重要的是，你要真心相信他們能做得到——你知道他們能夠解決難題或接受改變，他們並非無可救藥或什麼事情都做不好。

這就是百分百真誠的定義：對待鍾愛的親朋好友，你要信任對方，相信對方，支持對方，尤其是在他們陷入低潮的時候。

人際關係與友誼關係源於感受到愛、快樂、滿足。但唯有透過努力而認真地去接納對方人生中的各種高低起伏，這些感受才得以留存下來。

練習認可的六個步驟

- ☑ 在場
- ☑ 準確的回饋
- ☑ 判讀他們的行為，猜測他們的感受
- ☑ 了解他們在生活中的行為
- ☑ 肯定對方的情緒反應
- ☑ 百分百真誠

第4堂課重點整理：

● 同理對方的困境——是他們的實際困境，而不是你想像出的困境。認可行為有點像是失傳已久的武林絕學。認可行為即是尊重與接納對方的意圖跟情緒。哪怕是再簡單的認可行為（例如點頭），都能夠起到極大的效果，讓人情緒上獲得滿足，同時覺得被聆聽。認可行為的基礎核心為辨識情緒與接納情緒。一開始，你必須像名偵探，先知道對方現在是什麼情緒，然後讓他們覺得自己此刻的情緒感受完全合乎情理。情緒從來都不是理性的，但它們的存在貨真價實。

● 多數情況下，每當試圖認可對方情緒時，我們實際上卻會說出否認之言，使情況反而惡化。忽略或壓抑對方情緒的說法諸如：「唉唷，你會沒事的啦」或是「你不應該有那樣的感覺！」這些句子就像在下指導棋，試圖說服對方去看看事情的光明面——可是這不是他們此刻需要的。

- 將認可行為拆分成六個步驟，即可有效施行，其順序如下：在場；準確的回饋；判讀他們的行為，猜測他們的感受；了解他們在生活中的行為；肯定對方的情緒反應；以及百分百真誠。

第5堂課

最強讀人術

在現實生活中，這種平凡超能力並不難學，
只是你要懂得去抗拒那會強烈驅使我們
只關注自身的人類天性。

通往情緒智商的道路

聆聽其實是判讀人心的練習，不覺得嗎？你接收訊息，然後盡可能做出準確的評斷。

想要判讀人心，還有些更直接的做法。實際上，**深度聆聽是評斷他人的技巧之一**。然而，你還是必須先面對同樣的課題，也就是消除自身的偏見、渴望、目標。如果這個第一步都做不到，你就要準備面對失敗的人際關係。

整體來說，**想要提升判讀及分析他人的能力，第一種辦法就是透過情緒智商**。提出當代最棒的情緒智商概念的人，為心理學家丹尼爾・高曼（Daniel Goleman）。

所謂的情緒智商，指的是了解並感受到自身的情緒，也知道這些情緒的起源，然後將這樣的覺察套用到他人身上。你能夠幫情緒狀態貼上名稱，並找出它的起因及影響。在進一步拓展這樣的能力之後，情緒智商能夠讓你準確地判讀他人的情緒，並推斷出該情緒的起因。

一旦你開始去想「她為什麼會那麼說？」及「他為什麼會那麼做」，而不是立刻做出反應時，通往情緒智商的道路，就會在你眼前開展。其過程為理解他人的動機與意圖，如何造就了他們的情緒，進而造就了他們的行為，一切都有因果關係。

高情商的人，就有如擁有讀心術。在現實生活中，這種平凡超能力並不難學，只是你要懂得去抗拒那會強烈驅使我們只關注自身的人類天性。

以夏洛特為例。夏洛特昂首闊步走進辦公室，腳步輕快，臉上掛著微笑。在就座之前，她問同事說：「你覺得我的新髮型怎麼樣？」她的同事德瑞克其實不怎麼在意她的髮型，但他喜歡夏洛特，也知道她經常在意自己的外貌。「超好看，」他熱情地說：「新髮型讓妳的眼睛看起來更漂亮了。」

「我也是這麼想吔！」她興高采烈地說，同時坐下。「謝謝。」她笑了。

因為德瑞克理解並且在意夏洛特的情緒，他知道她在尋求鼓勵跟誇獎，而不是冷淡地草草打發。他判讀了情況，察覺了她的情緒狀態，而非只是聽見她那看似單純而無害的問題。他的善意回應，強化了她對他的印象，讓他變得更值得信賴又和善，提升了她對他的評價。

隨著你不斷提高自己的情緒智商，類似的互動將愈來愈多。這關乎著理解、體貼，以及不受限於自身的欲望與觀點。丹尼爾‧高曼關於情緒智商的現代觀點，可以分為四大類。它們各司其職，共同建構成一份藍圖，讓你能更有效率地理解並判讀他人。

情緒智商1：自我覺察

每當進行自我覺察時，我們會知道自己是誰，知道自己的想法，知道自己的感受。我們會知道自己沮喪時，沒辦法做太多事情。我們會知道自己喝了咖啡以後，往往會更有活力跟效率。我們會知道自己感受到壓力時，就會對他人的需要較沒耐性。我們會認識到情緒是大多數行為的基石。

簡而言之，**我們會知道自己的感受、為什麼會有那種感受，以及感受如何影響了我們的行為。能夠自我覺察的人，也可以觀察到自己的情緒對他人產生的影響。**快樂和悲傷都具有傳染力，一個能夠自我覺察的人會知道，他們的情緒會影響環境，而環境也會影響他們的情緒。

自我覺察也包括知道自身的優勢與弱點。更重要的是，它能幫助我們願意並且能夠接受建議跟批評。那些沒有意識到自己真正的能力與價值的人，要麼覺得自己既無能又欠缺學習能力，要麼認為自己無所不知，無須學習。

任何人都不是這樣，落入這些思維陷阱的人，他們的行為表現依序分別為懶惰及自以為全知的傲慢。一旦能夠承認自己需要幫助，並且接受他人的幫助或建言，就等同於讓其他人知道，你重視他們的意見、尊重他們的知識。接受幫助，能夠讓提供幫助的人覺得自己很重要，也受到需要，而每一個人都喜歡這種感受。不要再把過錯當成壞事了；過錯其實是讓你交朋友跟學習新事物的絕妙機會。

你可以透過許多方式，來提升自我覺察的能力。整體來說，你只需要更了解自己就可以了。有學術研究為依據的心理或人格測驗，能夠提供你一些見解，你也可以請朋友來評量你的諸多人格特質或各種能力。還有一種方法，就是在你說或做某些事情時，觀察他人的反應，並且深入了解自己的哪些人格特質影響了對方的反應。

或者你也可以簡單地坐下，**回想自己的所作所為，然後自問為什麼**。然後再問一次為什麼。接著同樣步驟再做三次——這麼做通常能讓你突破自身的心理防禦機制，切入核心。任何能夠讓你理解自身各種情緒起源的事物，對你都會有所幫助。

每當感受到強烈的情緒時，就在心理上先退後一步，暫停片刻。閉上雙眼，試著去思索過去一、兩個小時內發生過什麼事，才會讓你有那樣的感受。是不是能夠透過過去發生的事件或經驗，來解釋你為何會對生活中的某些事情或某些人產生某種特定的感受？是什麼東西讓你此刻的潛意識蒙上了一層陰影，影響了你的心情？

舉例來說，如果你在下午六點的時候生氣，請開始回想自己在下午三點之後做了什麼。你開車回家，吃了點心，換上運動褲，看了一會兒電視。

不過，在回想自己開車回家的情景時，你忽然想起有一輛車擋在前面，接著對方喇叭按個不停。這個行為在當下激怒了你，而幾個小時過去了，那件事依舊影響你的心情。這裡描述的是細節簡化後的心境歷程，而實際的心境歷程其實更快速。

可悲的現實是，多數人沒有跟自己的感受同調。我們通常會因為早已無關緊要的事情，而讓情緒大受負面影響。多數人只是在事發當下自動做出反應，沒有明確意識到原因，也沒有停下來思考心裡的感受。他們落入了慣性的思維模式中，這些思維模式有時是負面的，有時會為我們帶來毀滅性的影響。

除了往內觀看，嘗試依據可能的原因來辨識自己的情緒外，你也可以分析自己此刻的行為，並藉此辨識情緒。在前一種做法裡，你是望向過去，試圖推斷出原因；在後一種做法中，你則是望向現在，要看看是哪種情緒造就了此刻的行為。從某種意義上來說，你是在回顧過去，並藉此提出導致行為發生的至少一個可能原因。

就像在觀察他人一樣，相較於你所說的話（或者你告訴自己的那些話），你更能夠透過觀察自己的行為，來加強對自我的理解。

情緒智商2：自我管理

自我管理最為基礎的面向，就是控制情緒的能力。即便因為能夠跟夢中情人約會而欣喜若狂，我們也不會讓這樣的興奮感去影響商務會議中其他與會者的注意力。即便會因為沒有獲得升遷而感到生氣，我們也不會讓這樣的情緒去影響到我們跟競爭對手或老闆的工作關係。

即便處於有壓力、感受到敵意、危險的情況，我們也會保持冷靜、沉著、有效率。簡單來說，所謂的自我管理，包括了不讓情緒占上風。

許多人試圖透過壓抑情緒來做到這件事，但這是一個壞主意，反而會導致不滿、痛苦，甚至最終爆發成仇恨跟暴怒。情緒能夠幫助我們理解對於特定事件或人物的真實感受。關注自身的情緒，能夠讓我們理性地看待擔憂及快樂，進而為我們的工作及人際關係帶來正面影響。留意自己的感受、仔細考量自己為什麼有這樣的感受，然後在頭腦清醒時，平靜地跟相關人等談及這樣的情緒。這能夠讓你找出有意義的妥協之道，並幫助你在生活中獲得更多快樂。簡而言之，以適當、有益的方式，去表達情緒；不要壓抑情緒。這是自我覺察的下一步：在辨識出自己的情緒之後，你實際上如何去應對？

自我管理也包括觀察自己的想法跟情緒，藉此產生正面觀點。有些人天生就是樂觀主義者，有些人則不是，但哪怕是在最壞的情況下，也能尋求機會跟教訓，能夠讓我們看見一絲希望，從而帶來有意義的成長與進步。你不能讓自己被失敗壓垮；你必須堅持下去，牢記所有的教訓，下次做得更好。管理得宜的情緒，能夠激勵你實現目標，因為你可以有意識地使用樂觀的思維，來讓自己充滿希望與歡樂，得以繼續踏上自己的旅程。每個人都喜歡那些能夠鼓勵他們在面對困難時繼續前進的人，而培養樂觀的心態，就可以做到這一點。

自我管理的最後一個特質是靈活性。很多人會執著於以特定方法去做事，出現更好的方法時則猶豫不決。其他人非常害怕改變，他們認為任何嶄新的事物一定都是壞的。但是一個有自我管理能力的人，會認為上述思維無益，並試著去學習新的思維跟做法。這能夠幫助他們更為適應與管理自己的期望跟情緒。

情緒智商3：自我激勵

自我激勵可以說是自我管理的一部分，它能夠推動人們完成並超越原先的期望——因為他們更清楚自己想要跟不想要什麼情緒。他們能夠準確地猜到哪些事情可以讓自己覺得心滿意足，從而試圖不斷去實踐。

能夠自我激勵的人，會不斷尋找改善情緒狀態的方法。他們知道自己言行的背後成因（包括情緒及其他層面），並努力為成功做好準備。只要留心自己跟他人的抱怨，你就能增強這個能力。抱怨表示有問題，等同於改進的機會。發現抱怨時，想想解決問題的辦法；找出解決之道時，就行動吧！

情緒智商4：社會認知

具備社會認知能力的人，可以判讀房間裡的氛圍，並且明白各個團體跟個人可能會感受到的情緒。

在團體的層面，具備社會認知能力，表示了解團體的權力結構跟組織構成，以及那些結構導致的情緒衝擊，還有人與人之間的情緒流動。它能幫助我們解讀各種情況。理解祕書雖然樂於幫助上司，但也因為過勞而感到疲累，這也是社會認知的一部分。

知道她很容易被取代，因此較不重要，而她跟她的上司都受到這種動態結構的影響，這也是社會認知。這聽起來像是要處理大量的數據，但可以簡化為一個疑問：為什麼人們在跟某一個人待在一起時，會出現某些行為；而跟另一個人待在一起時，出現的卻是不同的行為，然後就是要找出這種變化的原因。

觀察及與他人互動，有助於培養這個技能。每當看見讓自己產生困惑或引起興趣的人際互動時，你可以自問，他們為什麼會說出跟做出現在這些事，藉此試著更清楚地掌握人際關係的流動。你愈精通這個能力，就愈能夠在各種類型、大小的社交場合中，找出合適的事情去做。想當然耳，這裡的形容過度簡化了這件事情的複雜度，但一切的開端，都是從提出問題開始：為什麼發生了某件事？是什麼看不見的或無意識的因素導致了這件事情的發生？

問你自己這些問題，一開始一次一個就好，很快地這就會成為習慣性的本能。這件事情並不容易，因為你沒有辦法明確地把注意力放在其中一個因素上。每次的情況都不同，你必須要能適應各種情況，去發現人們為什麼會有那樣的感受。照著下面的清單去思考，能夠幫助你以一種過往可能從未考慮過的方式，去判讀他人的情緒。

為什麼你的想法跟行為可能會受到誤解？

他人的主要動機是什麼？就連他們（跟你）可能都沒有說出口，也沒有意識到的潛在動機可能是什麼？

去思考人們固有的偏見，以及會導致某些情緒產生的生活環境。這些人擁有什麼樣的成長背景跟教育環境？

他人如何表現出自己的正面情緒跟負面情緒？

各種情緒是如何用不同的方式去表現？

他們可能會感受到什麼樣的情緒？為什麼？

他們說這些話的目的是什麼？

他們的基本情緒狀態是什麼？他們想要以什麼樣的方式去跟他人互動？

透過意識到這些因素，就能夠提升自己的情緒智商，因為你將可以更準確地判讀他人。同樣重要的是，你可以用更準確的方式去回應，從而減少負面回應。值得留意的是，這個過程可能需要一段時間——這正是仰賴經驗去回應與仰賴本能去回應之間的差異。

從最基本的層面來看，所謂的情緒智商，就是知道在面對任何言語或情況時，人們會做出一定範圍之內的哪些回應，以及誰可能做出不同的反應及其背後的原因。

如果你用嚴厲的表情跟嚴厲的態度去侮辱某人的母親，對方的反應之一是覺得受到冒犯及憤怒。在大多數的情況下，這都是可以預料到的反應。然而，其他可能出現的反應是什麼？造成這種差異的原因又是什麼？人們可能會以為你在開玩笑、因為困惑而大笑，或者甚至因為沒有聽到你所說的話，而忽略了這件事。

情緒智商將讓你得以跟他人建立更深的連結，因為即便他們什麼都沒說，你也能明確地理解他們的感受。你就是能把他們摸得一清二楚。這就是許多人認為的心有靈犀跟心心相印，而你將會以一種看似毫不費力的方式展現出這種超能力。

如你所見，**情緒智商從自己開始，進而延伸到他人身上**。在上一個章節中，我們花了很多心力了解價值觀及深層意圖，因為我們能據此知道人們可能會採取什麼行動。在這一個章節中，我們把更多的注意力放在情緒上，讓你知道人們會更自然而然地採取哪些本能行動。合在一起，我們學習了如何分析他人的理性與情感，並藉此預測他們的行為及加以解釋。

最後一個重要的情緒信號，是更明確地去理解情境裡的潛台詞，這跟社會認知很相似。

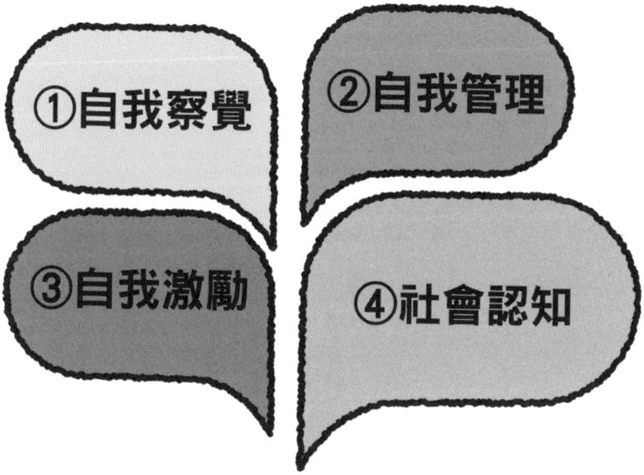

丹尼爾・高曼
情緒智商的現代觀點
判讀人心的練習

我不是那個意思！

溝通遠遠不僅止於我們說出口或所聽到的字句。多項研究所引用的數據表示，高達百分之五十到百分之九十的溝通——我們從他人那邊獲得的訊息跟情緒——是非言語或沒說出的信號，相關研究從麥拉賓（Mehrabian）及費瑞斯（Ferris）於一九六七年發表的〈從兩種溝通管道的非言語溝通來推測其態度〉（Inference of Attitudes from Nonverbal Communication in Two Channels）為起始。以上面那句話去思考以潛台詞、背景環境、暗示、推斷等非言語溝通方式構成的對話，你幾乎都要開始想，我們實際說出口的話，到底還有幾分的作用。

無論如何，我們以為自己在傳達的內容，通常被字句的意義所掩蓋，或者彼此之間徹底矛盾。大多數情況下，我們說出口的並不是我們真正的意思，而這是我們從小就開始學習的東西。這倒不是說我們使用的文字並不重要——它們有其重要性。但是我們的使用方式，以及使用時的環境，更能清楚地反映出我們的感受與情緒。

聽出潛台詞

不幸的是，對許多人來說，這些微小的跡象可能有如咒語，取決於它們有多隱微或難解。**想要擁有更清晰的溝通交流，以及能夠讀出人們話語之間的真意，其關鍵方法之一就是理解潛台詞。**根據錢尼（Chaney）跟萊登（Lyden）一九九七年出版的《潛台詞交流印象管理：實證研究》（*Subtextual Communication Impression Management: An Empirical Study*）一書，在辦公室環境中，其潛台詞如下：

> 潛台詞交流，一種強化或否定口語文本的隱密語言，係用於影響其他人對我們的印象，或可用於工作場所中的許多情況，並藉此取得競爭優勢。潛台詞比明顯的文本更爲隱微，在人與人之間的互動情況中，可能更爲誠實無欺。（費斯特，一九九一）

潛台詞溝通元素跟視覺圖像有關，可以透過衣著、介紹人的方式、肢體語言、對時間的重視程度、電子通訊的使用方式、用餐禮儀等方面，傳達出與自信、可信度、才能、社交能力有關的正面或負面印象。

在獲得大學學位之後，保羅找到了一份兼差工作，藉此賺點額外的收入。他決定在當地一家電器賣場工作，因為他對這裡的人、地區跟商品都瞭如指掌。面試過程中，他強調自己肯定能成為銷售天王；而在發現自己辦不到之後，你可以想像他會有多麼驚訝。

其他人似乎都輕易地達到了他們的銷售目標，然而他的業績卻只勉強符合最低標。更慘的是，其他員工完全沒有技術知識，然而他們每個月的銷售額都超越了保羅。

保羅的銷售狀況非常糟糕，以至於老闆叫他來召開績效會議，想解決這個問題。他沒有指出保羅哪個地方做錯了，而是決定將他跟店內的頂尖銷售員搭檔，以了解兩人之間的銷售技巧有何不同。

整個下午，保羅都跟表現最好的銷售人員山姆在一起。保羅觀察到了一件有趣的事情。顧客跟他原本遇到的都一樣，他們提出的問題也一樣，山姆的答覆也跟他給的都一樣——只有一個小地方不同。

在保羅會選擇放棄或離開的狀況下，山姆則會提供額外的建議，並展開強烈攻勢。一名顧客在選購相機時，保羅意識到了這件事情。這名顧客舉起雙手，表示該產品「不錯」。就在這個時候，山姆拿起一台更高價的相機，向顧客介紹它的功能。保羅通常不會這麼做——只要顧客說某樣產品「不錯」，他就會順勢把精力集中在賣出同一台相機。

但令他訝異的是，顧客最後買了那台更高價的相機。顧客一離開賣場，保羅就問山姆：「你怎麼會想要推薦另一台不同的商品？這樣不會讓顧客感到困惑嗎？他不是說原本那台不錯嗎？」

山姆只是笑了笑，同時說：「顧客嘴裡說不錯，不代表心裡真的這麼認為。不錯算不上是正面的形容詞。這句話通常表示，他們想要更好的產品，或者目前的產品還沒有達到他們的期望。事實上，**他們是想要更多的選擇。**」

學習判讀潛台詞

保羅是從字面上去理解人們說的話，而那只是字詞的表面意義，正是如此，他錯過了人們傳遞過來的真實訊息。保羅只依據對方所說的話去應對，他沒有想過溝通會以任何其他形式出現。山姆解釋道，人們所說的話，只不過是他們實際想要交流的訊息的冰山一角，而用平淡語氣說出的「不錯」，其實跟「很差」沒兩樣。就這麼簡單的一句話，使得保羅的銷售技巧有了巨大的改變：他開始試著從字詞的表面往下挖，並了解其背後的意涵。

不要像保羅一樣。學習潛台詞，能夠讓你更會判讀他人，並開始去回應人們試圖交流的真實內容。

溝通方式可以分成兩種類型：顯明的跟隱密的。顯明的部分，指的是我們說出口的話，以及我們想要傳達的明確訊息。如果我們餓了，直接點餐買一個漢堡，這就是顯明的溝通方式。

潛台詞則是隱密型的溝通方式。潛台詞幾乎從不直接說出口，除了從某人口中直接傳遞出來的訊息之外，任何東西都可能是潛台詞，而這些訊息都需要正確的解讀。使用潛台詞說「我餓了」的方式，包括搓揉肚子、舔嘴唇、指出附近一張桌上有菜單，以及提到你上一餐吃得很少。

不是每個人都有辦法注意到那些跡象，但無可否認地，它的確就是對方想要傳達的訊息。我們經常透過這些間接的方式交流，並且暗自希望自己可以不用明白地將訴求說出口。因此，理解人們看似潛藏於帶著善意的陳述之下的潛台詞，以及伴隨該陳述而來的其他潛台詞，能夠幫助你深入了解他們的真實感受與想法。

潛台詞的線索

舉例來說，在下面這些對話中，其顯明的訊息與隱密的潛台詞之間有什麼不同？在這些案例中，能夠表達出訊息完整含意的，是那些沒說出口的話。裡面的潛台詞是，問題的答案不夠令人信服，因此不夠真誠。假設答覆問題的人過往說話都很直率。

「我胖嗎？」

「不會啊，你不胖。」

（翻譯：對，你可能有點胖。）

「我胖嗎？」

「不會啊，但我想瘦個幾公斤或許會更好看。」

（翻譯：是啊，你現在真的很胖。）

潛台詞的傳遞方式，包括了語調、措辭、說話方式、參照先前經驗、對該關係的理解、肢體語言、手勢、周遭環境，甚至情緒也是。雖然聽起來既抽象又令人困惑，但只要這樣想就好了：所謂的潛台詞，就是我們除了所使用的明確字詞之外，想要傳遞出去的一切訊息。

事實上，這是我們使用潛台詞的重要原因之一。潛台詞讓我們得以透過間接、非對立的方式遊走四方。如果你很擅長使用潛台詞，它能幫你節省時間，它很有效率，並且由於理解了人們的變幻無常，而讓你擁有極高的情緒智商。

潛台詞會出現在各種情況中，從工作跟約會，到社交場合跟家人間的互動。事實上，大部分的約會都跟潛台詞有關，因為多數對性愛產生的焦慮，源自沒有明白揭露的真實意圖。如果你邀某人共進晚餐，而對方說他們沒空，他們或許是真的在忙，或者他們可能對你沒有興趣。如果你四次都邀約同一個人出去，而對方每次都說自己沒空，那麼你就可以聽出言外之意了。考慮到這樣的情況，從戀愛的角度來講，你的情況並不樂觀。

透過行為及用字遣詞，我們傳遞出線索，並深深渴望他人能夠留意到。當然，這就是冷暴力行為的根源——由於不想直接說出某件事，因此我們的間接手法就變得愈來愈激進跟粗暴。身為人類這個物種，我們傾向於迴避衝突。沒有多少人願意揭露自己的意見跟情感，尤其是在跟他人產生衝突的時候。直截了當的態度會產生緊繃的局勢，因此我們都寧可迴避這種情況發生。

每個人都有潛台詞

若想明白潛台詞在社交場合裡的作用，其中之一的方法，就是想像潛台詞是如何融入小說或劇本中。看一部電影或閱讀一本書時，作者通常不會明白讓你知道各個角色的理解、感受、思維，即便如此，你還是清楚知道每場戲跟每段關係的意義。這都是因為潛台詞的幫忙。

在這種情況下，它通常被稱之為角色的內在本核——是什麼在驅動及激勵他們、他們對故事裡的其他人有什麼感受，以及他們所有行動的背後有什麼原因。如果沒有給眾角色一個清楚的動機，而且還讓電影裡的每個角色行為都停留在「所見即所得」的階段，這最終將構成一部不會引發觀眾任何情感衝擊的平淡電影。

即便在電影中，潛台詞也可能存在歧義——有時是故意的，有時不是。這是觀眾必須腦補的部分，這也是為什麼兩個人可以在一起看完一部電影後，會對導演試圖傳達的意義，有著截然不同的想法。

讓我們仔細看一場當作範例用的戲，來清楚說明這個論點。永遠要記住，我們得要把顯明訊息跟隱密訊息分開來看。

想像有這麼一個房間，房裡有一個男人，他手裡緊緊地抓著一個淡藍色的小盒子。桌上擺著玫瑰與香檳。一個女人出現在畫面的一側，準備離開房間。她沒有注意到角落裡的男人。他說：「等等！」

為什麼男人要叫住那個女人？

如果你說：「因為他想要向她求婚」，那麼你已經理解了這個基本場景所呈現出的潛台詞了。對話裡面完全沒有提到男人想要跟女人求婚。而你從情緒、描述跟場景本身的組合，推斷出了這個答案。

「等等」這個詞算潛台詞嗎？在這個場景裡，男人正在叫女人停下腳步。他話語裡的含意除了「別走！」或甚至「留下來！」之外，就沒有其他的了，而這取決於他說出這句話時的表現方式。

想像一下，這個男人清楚地說：「我在這裡為妳準備了一張桌子，我打算用這枚我跟蒂芙尼公司買的漂亮戒指來跟妳求婚。」這不是現實生活裡會發生的事，因此，電影必然帶有潛台詞，好讓人們能夠理解正在發生的事情。

無論面對何種溝通交流，透過潛台詞去進行細節的填補，有助於促進溝通品質跟大幅提升雙方的友好度。如果仔細觀察，你很快就會發現，幾乎其他人所說的每一句話，都藏有潛台詞，旨在有意或無意間傳遞額外的訊息。

聽出弦外之音

注意人們過往的際遇及經驗，以及這些過往與此刻情境之間的可能關聯。此情此景帶有什麼樣的情緒？提示：至少總是會有一種主要情緒起作用。這種情緒無可避免地透過某種方式影響他們的觀點、優先順序、動機，從而使得他們傳遞出的訊息跟所說出的話語有所不符。如果你理解某人的整體人格特質，通常就可以透過分析他們在這樣的情況下傾向於如何行事，來猜測他們的潛台詞。如果某個非常溫和安靜的人，說出了類似「我同意……我猜想」的話，那八成表示他們的內心在大叫「不行！」本質上來說，你要去考慮話語背後的起源，以及一個人的過往經歷如何為他們的溝通交流方式帶來影響。

透過分析對方的語氣，來判斷他們話語的可信度。他們的語氣是生氣、嚴肅，或嘲諷？語氣跟訊息是否相匹配？如果某人說好，語氣卻是嘲諷，那麼他們八成是表示不好。如果某人說好，但他們的語氣很生氣，那麼他們八成對結果感到不滿意。如果某人是嚴肅地說好，那麼他們可能面臨內在的衝突，或者他們八成根本不在乎。對語氣的解讀幾乎可說充滿無限可能，但其中大多數的情況確實意味著，不能從表面意義上來看待這些字詞。

觀察人們對你的反應。一旦觀察到對方的耐心、對方的友善，以及對方試圖展現出來的隨和，你就能判斷他們對你所說的話，會抱持什麼樣的感受。這樣的觀察，也可以延伸到你聽見了多少的沉默，以及他們展現出多少的興趣。如果有人在回答一個簡單問題時慢了半拍，他們得要思考一下才能做出回應，那麼即使他們表面上同意你的想法，也可能會用潛台詞來傳達出負面的訊息。

成為潛意識的習慣

另一個需要考慮的方面——可能會需要更認真的觀察技巧——是**看看他們有多偏離自己的一般行為模式**。如果你的主管向來樂觀，那麼他們的憂鬱跟消極帶有什麼意涵？這可以將一句宣稱「一切都很順利……」的句子，轉變成意義完全相反的訊息。

潛台詞留下了線索，而你可以利用這些線索，來成為溝通專家。人們到處留下這類的跡象。

當然，困難之處在於，由於可能是要在日常交流中解讀這些訊息，因此你需要能夠進行同步而即時的判讀。這表示你實際上有兩個任務：**（一）在腦中處理對話訊息，並做出適當回應，跟（二）尋找代表潛台詞的各種信號**。你或許可以訓練自己去留意特定類型的潛台詞跟社交信號，但你可以在注意到它們的同時，也試著再尋找出更多嗎？還是你的注意力一次只能放在這麼多事物上呢？乍看之下，你似乎需要有三個大腦、六雙眼睛，才能一次就注意到這麼多事物——一開始，或許真的是如此。

但我們唯一能做的，就是從小範圍開始訓練自己，直到這成為一種潛意識的習慣，讓你不禁去想——他們為什麼要那麼說？他們有什麼感受？那句話可能是什麼意思？

我想用一個小練習，來結束潛台詞的部分，好讓你更有動力。這件事很簡單：走出門，去公共場所觀察人們之間的互動——例如，坐在咖啡館裡，偷偷觀察坐在附近的人。你聽不清他們的對話，所以你要透過交流中的潛台詞，去猜測他們在聊些什麼。把不同的背景故事、情緒、動機等，都分派給你在觀察的對象。大膽地編造故事。一旦判讀潛台詞的能力變好，你會發現自己在類似這樣的場合裡所編造的故事，將會變得愈來愈準確。

第5堂課重點整理：

- 我們已經討論過人們可能會擁有的價值觀跟理性的意圖。本章重點介紹可以用來分析他人情緒的各種信號，綜合起來，我們就更能夠預測及理解他人的理性與情感狀態。
- 若想更理解他人的情緒，首先必須先理解自己的情緒。理解方法為透過情緒智商，而丹尼爾·高曼的情緒智商概念包括了自我覺察（我有什麼感受及其成因）、自我管理（我可以如何安全地表達自己的情緒並從中學習）、自我激勵（什麼事情會讓我覺得開心，而我要如何做到這些事），以及社會認知（其他人有什麼感受及其成因）。整個過程始於了解自己，接著意識到其他人都有等量的無意識和隱藏想法，而這些想法決定了他們的情緒跟行為。這是一種必須經過訓練才能獲得的思維方式，可以讓你從一段短短的互動中得到大量的資訊。

- 同樣地，我們必須學會去更加理解潛台詞信號。這跟情緒智商裡的社會認知要素有關。我們必須意識到，大多數的交流都是隱密的，但多數人卻只對顯明的交流做出回應。這意味著，我們經常會遺漏他人話語跟行為中的真實意義。要採用這種特殊思維的最簡單方法，就是自問：他們為什麼要那麼說？他們有什麼感受？那句話可能是什麼意思？

最強讀人術：從了解自己到透析人心

派翠克・金（Patrick King）◎著
朱浩一◎譯

美國亞馬遜讀者 4.4 顆星推薦★★★★★ 3000 則以上評論熱烈迴響

一如神探福爾摩斯明察秋毫
社交互動專家與對話溝通教練Patrick King
帶你一點一滴學會判讀人心與自我發現

社交互動專家與對話溝通教練派翠克・金，活躍於社群媒體多元化的溝通時代，他提出關鍵一說：「一旦我們了解自己，就能精準發揮讀人術。」《最強讀人術》不僅是讀懂他人的祕笈，更重要也是建立自我的溝通技巧，提高談判能力，幫助我們確立人際關係界線，以及更了解自己的一把鑰匙。

【延伸閱讀】

逆習慣：好奇心改變一切

路克・馬瑟斯 (Luke Mathers)◎著
屈家信◎譯

逆思維◆實踐版

當你開始面對自己，就開始啟動你的逆習慣！只要對你的習慣多問一聲：為什麼？實現新年新計畫・升級你的人生目標・各行各業強力推薦

注意細節是件好事，但變成凡事要求完美就成了奇怪的習慣；坦誠地認識自己很好，但經常苛責自己是一種奇怪的習慣；留在舒適圈很容易，但不痛不癢無法做出改變就是奇怪的習慣。

你要如何發現那些不再幫助你的「習慣」？你要如何找出「習以為常」的模式正在侵蝕你的成長？《逆習慣》提供一種充滿趣味、非批判性，但又能發人深省的方式，引導讀者重新思考自己行為背後的真正原因。

不受傷害也不傷害人的說話練習：寫給想要擁有美好關係的你

林玎珉◎著

陳品芳◎譯

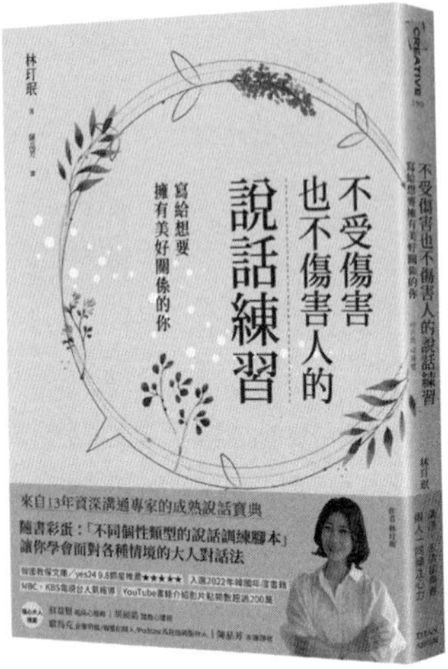

韓國教保文庫／ yes24 9.8 顆星推薦★★★★★ 入選 2022 年韓國年度書籍
MBC、KBS 電視台人氣報導　YouTube 書籍介紹影片點閱數超過 200 萬

和別人溝通交流之前，我們需要自我探索。即使過去在人際關係中受過傷害，我們依舊試著追求更美好的對談經驗；即使對交際感到徬徨無助，我們始終願意再接再厲，只為在下一次對話，說出一句溫暖動人的話語。
這本書獻給在「對話溝通」這條艱鉅道路上跌跌撞撞的你，它將是你的說話教戰手冊，更是最了解你的貼心知己。

【延伸閱讀】

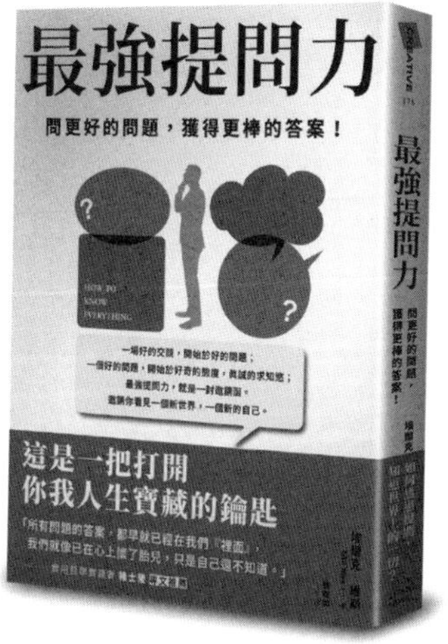

最強提問力：問更好的問題，獲得更棒的答案

埃爾克・維斯（Elke Wiss）◎著
翁雅如◎譯

一場好的交談，開始於好的問題；
一個好的問題，開始於好奇的態度，真誠的求知慾；
最強提問力，就是一封邀請函。
邀請你看見一個新世界，一個新的自己。

本書的核心是讓身處二十一世紀的你具備最重要的技能——提問力。
實用哲學家埃爾克・維斯為你喚起那個早就存在內心的蘇格拉底。
你敞開心胸，用好奇心加一小撮渴望和一份耐心，培養屬於自己的蘇格拉底態度，控制向上與向下的問題，運用開放式和封閉式問題，讓你從每一個問題去追索每一個答案的真諦。一層一層引導與聆聽，打破僵化的「我以為」「我認為」思維，重新組裝認定的邏輯。

Creative 192

最高的聆聽：
建立真心連結、溝通，以及關係的5堂課

填回函雙重禮
① 立即送購書優惠券
② 抽獎小禮物

作者｜派翠克・金（Patrick King）
譯者｜朱浩一
出版者｜大田出版有限公司
台北市一〇四四五中山北路二段二十六巷二號二樓
E-mail｜titan@morningstar.com.tw http://www.titan3.com.tw
編輯部專線｜（02）2562-1383 傳真：（02）2581-8761

總編輯｜莊培園
副總編輯｜蔡鳳儀
行銷編輯｜張筠和
行政編輯｜鄭鈺澐
編輯｜葉羿妤
校對｜黃薇霓／朱浩一

初刷｜二〇二四年一月十二日 定價：三六〇元

網路書店｜http://www.morningstar.com.tw（晨星網路書店）
TEL：（04）23595819 FAX：（04）23595493
購書Email｜service@morningstar.com.tw
郵政劃撥｜15060393（知己圖書股份有限公司）
印刷｜上好印刷股份有限公司
國際書碼｜978-986-179-832-5 CIP：177.1/112015921

國家圖書館出版品預行編目資料

最高的聆聽／派翠克・金（Patrick King）著；
朱浩一譯 .——初版——台北市：大田，2024.1
面；公分 .——（Creative；192）

ISBN 978-986-179-832-5（平裝）

177.1 112015921